COURS ÉLÉMENTAIRE

D'ORTHOGRAPHE

—

LIVRE DE L'ÉLÈVE

X

Tout exemplaire qui ne sera pas revêtu des trois signatures ci-dessous sera réputé contrefait.

Les Éditeurs,

COURS ÉLÉMENTAIRE

D'ORTHOGRAPHE

OU

DICTÉES ET EXERCICES PRÉPARATOIRES

AU COURS INTERMÉDIAIRE OU DE PREMIÈRE ANNÉE

PAR F. P. B.

LIVRE DE L'ÉLÈVE

3

9

TOURS
ALFRED MAME ET FILS
Imprimeurs-Libraires.

PARIS
POUSSIELGUE FRÈRES
Rue Cassette, 27.

1869

COURS ÉLÉMENTAIRE

D'ORTHOGRAPHE

PREMIÈRE PARTIE

PRINCIPES ÉLÉMENTAIRES D'ORTHOGRAPHE USUELLE

—

Ire LEÇON

Emploi de la majuscule au commencement de la phrase et du point
à la fin.

1. *L'*élève qui travaille avec courage et constance
fait des progrès et mérite des bons points. *Q*uand j'ai
bien étudié ma leçon, je la récite couramment et sans
faute.

2. *N*os parents et nos maîtres sont nos meilleurs
amis. *L*e père qui aime son fils veille sur sa conduite,
et le corrige de ses défauts.

3. *L'*innocence est le plus précieux des trésors. *L*a
jeunesse est le plus bel âge de la vie.

4. *L*e bon Dieu aime les enfants obéissants et pieux :
il veut les récompenser par ses bénédictions en cette
vie, et par son paradis en l'autre.

5. *On emploie une majuscule ou grande lettre au
commencement de chaque phrase, de chaque alinéa.*

*On met un point après chaque phrase entièrement
terminée.*

Ainsi, quand j'écrirai une phrase, je la commen-
cerai par une majuscule et je la ferai suivre d'un
point.

2ᵉ LEÇON

Emploi de l'accent aigu.

1. Lé blé se récolte en été. Quand il a été moissonné, lié en gerbe, battu, vanné, on le porte au moulin, où, étant broyé, il forme la farine et le son.

2. Monsieur le curé a visité l'école; il m'a interrogé sur le catéchisme, et parce que j'ai bien répondu il m'a donné une image.

3. André est un enfant bien élevé. La vérité est toujours dans ses paroles. Il est estimé de tous pour sa sincérité, sa bonté, sa piété filiale.

4. Les trois vertus théologales sont la foi, l'espérance et la charité.

5. *L'e fermé a pour signe l'accent aigu.*

J'emploierai donc l'accent aigu en écrivant les mots : blé, été, école, catéchisme, André...

3ᵉ LEÇON

Emploi de l'accent grave sur l'e.

1. Mon père et ma mère seront, je l'espère, satisfaits de mes progrès. Si j'ai des succès au concours, mon grand-père m'achètera un porte-monnaie, et ma grand'mère un paroissien.

2. Eugène est un modèle pour tous les élèves : il n'a pas encore reçu la plus légère punition. Sa sœur Hélène est, comme lui, très-studieuse et aussi très-discrète.

3. La diète est le premier remède contre la fièvre. Agnès et Adèle prodiguent leurs soins à leur jeune frère malade.

4. Le fidèle que le vrai zèle anime sacrifie tout pour le règne de Dieu et le salut des âmes.

5. *L'e ouvert a pour signe l'accent grave.*

J'emploierai donc l'accent grave en écrivant les mots : père, mère, frère, progrès, succès...

4e LEÇON

Emploi de l'accent circonflexe sur l'e.

1. Le chêne est plus majestueux que le hêtre, le frêne et le sapin : aussi on l'appelle le roi des forêts. Une guêpe, entrée par la fenêtre, voltige au-dessus de nos têtes.

2. Un crêpe noir supplée un vêtement de deuil. Je tiens à être proprement vêtu, surtout les jours de fête.

3. En me conférant le baptême, le prêtre m'a rendu enfant de Dieu même. Après les vêpres, monseigneur l'archevêque a béni l'assistance.

4. Monsieur le vicaire a prêché sur l'Évangile du jour. Il nous a dit : « Que rien ne vous arrête dans la bonne voie et ne vous empêche d'être honnête homme et fervent chrétien ; sachez sacrifier les intérêts du temps aux intérêts de l'éternité. »

5. *L'e très-ouvert a pour signe l'accent circonflexe.*

Ainsi j'écrirai avec l'accent circonflexe : chêne, hêtre, frêne, forêts, guêpe, fenêtre...

5e LEÇON

Exercice correspondant à la 1re composition.

Les élèves copieront, pour DEVOIRS ÉCRITS, *les mots et les propositions ci-après :*

1. Épi de blé, froment moissonné, grain broyé, catéchisme récité, vérité enseignée, écolier interrogé, vertu pratiquée, foi, espérance, charité, piété, sincérité.

2. Père, mère, Eugène, modèle, élève, Hélène, Agnès, Adèle, diète, remède, fièvre, zèle, règne.

3. Chêne, hêtre, frêne, guêpe, fenêtre, crêpe, fête, vêpres, prêtre, évêque, baptême, tête, honnête homme.

4. J'ai une toupie. Tu as un cerceau. Mon frère a des billes. Nous avons des boules. Vous avez des quilles. Ces messieurs ont un jeu d'échecs.

5. Le verbe avoir se conjugue, au présent de l'indicatif : J'*ai*, tu *as*, il *a*, nous *avons*, vous *avez*, ils *ont*.

6ᵉ LEÇON

Emploi de la cédille.

1. François a reçu la récompense due à son application. Ce serait peu si j'avançais en science sans avancer en vertu.

2. Françoise et Lucie sont admirables par leur douceur. Sainte Cécile est la patronne des musiciens.

3. A la fin de l'hiver, les glaces se rompent et les rivières charrient des glaçons. Maman a payé à la couturière la façon de mon tricot et de mon caleçon. Les maçons ont terminé la façade de la caserne.

4. L'armée française avançait à pas accéléré pour combattre les rebelles : la victoire allait de nouveau couronner sa valeur.

5. *Devant* a, o, u, *le* c *prend la cédille lorsqu'il doit se prononcer comme l'*s.

Ainsi, je ferai usage de la cédille dans les mots : François, Françoise, glaçon, façon, caleçon, maçon, limaçon...

7ᵉ LEÇON

Emploi de l'*e* après le *g*.

1. On s'instruit bien davantage en voyageant à pied qu'en voyageant en chemin de fer. Les villageois n'ont rien à envier aux bourgeois.

2. Le geai est un oiseau moins gros que le pigeon. Le plongeon est aussi un oiseau, mais aquatique, c'est-à-dire qui peut vivre dans l'eau.

3. Ne jugeons le prochain qu'avec indulgence, ou plutôt ne le jugeons point. Si je me jugeais moi-même, je ne serais pas jugé. Ménageons le temps : songeons qu'il passe avec rapidité, et qu'il ne revient plus.

4. Si je mangeais avec excès, je nuirais à ma santé.

Sainte Agathe et saint Georges furent martyrs. Rien ne put ébranler leur courage et les porter à renoncer à leur foi.

5. *Devant* e, i, *la lettre* g *se prononce comme* j.

Pour donner à la lettre g *la prononciation de* j *devant* a, o, u, *on la fait suivre de l'*e *muet.*

Ainsi, j'écrirai avec un e après le g : pigeon, geai, plongeon, gageure...

8e LEÇON

Emploi de *m* pour *n*.

1. Ambroise et Henri sont complaisants envers leurs condisciples. Quand j'irai à la campagne j'emmènerai avec moi mon jeune frère, car il aime beaucoup à courir dans les champs.

2. Un grand nombre de tuyaux de pompe sont en plomb. Il est imprudent de se mettre à l'ombre quand on est en sueur. On appelle bonbonnière la boîte aux bonbons.

3. L'empire romain a succombé sous les coups des barbares qui l'envahissaient de toutes parts.

4. Soyez prompts à secourir l'indigent qui implore votre libéralité. Le bon témoignage de la conscience est la première récompense d'une action vertueuse.

5. *Devant* b, m, p, *on emploie* m *au lieu de* n.

Ainsi, j'écrirai en faisant usage de l'*m* : plombier, plomb, complaisance, pompe, campagne, récompense, septembre, novembre, décembre, emmener, emmaillotter...

9e LEÇON

Emploi de l'apostrophe.

1. L'étude la plus nécessaire est celle de la religion. L'histoire sainte est éminemment instructive. L'élève courageux réussit tôt ou tard.

2. Si j'étais plus avancé on me mettrait dans la grand'classe. L'économie, l'ordre et le travail amènent

l'aisance et la richesse. S'il y avait moins de vices, il y aurait moins de misère.

3. L'envie est fille de l'orgueil. L'envieux s'afflige des succès d'autrui. L'avarice est insatiable : l'avare n'est jamais satisfait de ce qu'il a.

4. Nous devons nous entr'aimer et nous entr'aider, c'est-à-dire nous aimer et nous assister l'un l'autre : telle est la morale de l'Evangile, qu'a toujours enseignée l'Eglise de Jésus-Christ.

5. *Quand l'usage demande l'élision, la suppression de a, e, i, on remplace cette lettre par l'apostrophe.*

J'emploierai donc l'apostrophe dans les expressions suivantes : l'étude, l'histoire , l'épître, l'Évangile... J'écris une lettre. J'arrange mon cahier... S'il m'était permis, j'irais en récréation...

10ᵉ LEÇON

Exercice correspondant à la 2ᵉ composition.

Les élèves copieront, pour DEVOIRS ÉCRITS, *les mots et les propositions ci-après :*

1. François récite sa leçon. Les maçons construisent les maisons. La façade du château est presque terminée. Lucien est musicien. Sainte Cécile était musicienne.

2. Georges dérangeait son voisin : le maître l'a fait changer de place. Les villageois sont robustes. Le geai est plus petit que le pigeon. Nous voyageâmes en bateau. Vous voyageâtes à pied.

3. Plomb, campagne, empereur, décembre, pompe, impuissance, imprudence. Ambroise a reçu un tableau en récompense de son application.

4. J'avais un bonnet. Tu avais un chapeau. Paul avait un képi. Nous avions des souliers. Vous aviez des bottines. Marc et Antonin avaient des sabots.

5. Le verbe **avoir** se conjugue, à l'imparfait de l'indicatif : J'*avais*, tu *avais*, il *avait*, nous *avions*, vous *aviez*, ils *avaient*.

11e LEÇON

Emploi du trait d'union.

1. L'hôtel de ville de Paris est peu distant de l'Hôtel-Dieu. Saint-Denis est une sous-préfecture du département de la Seine. Sèvres est un chef-lieu de canton du département de Seine-et-Oise.

2. Tout petit-fils doit à son grand-père et à sa grand'mère le respect, l'amour, l'obéissance. Ne fais à autrui que ce que tu voudrais qu'on te fît à toi-même. L'eau-de-vie est appelée par les sauvages eau-de-feu. Le coq d'Inde est l'un des plus gros oiseaux de basse-cour.

3. Rien n'égale l'arc-en-ciel pour la richesse des couleurs. Une bombe a fracturé l'avant-bras du sous-lieutenant et blessé au pied le sergent-major.

4. Jésus-Christ a eu pour précurseur saint Jean-Baptiste. La fête du très-saint sacrement est aussi appelée Fête-Dieu.

5. *On emploie ordinairement le trait d'union entre les différentes parties d'un mot composé. — On place un tiret à la fin d'une ligne lorsqu'il ne peut y entrer qu'une partie d'un mot et que l'autre partie est portée à la ligne suivante.*

Ainsi j'écrirai en faisant usage du trait d'union : Hôtel-Dieu, Seine-et-Oise, porte-drapeau, vice-amiral, petit-fils...

12e LEÇON

Emploi du tréma.

1. Moïse fut le conducteur du peuple d'Israël. Isaïe est le prophète dont le plus grand nombre d'écrits sont parvenus jusqu'à nous.

2. Caïn, dominé par la jalousie, haïssait son frère Abel, et résolut de le tuer. L'égoïste, n'aimant que soi, n'a, par une juste punition, point d'autre ami que lui-même.

3. La baïonnette est une arme terrible entre les

mains des soldats français. Mon aïeul était officier d'artillerie. La ciguë est une plante vénéneuse.

4. Le jour de Noël nous avons ouï de beaux chants. L'ange Raphaël guida le jeune Tobie chez Raguël et le ramena vers son père.

5. *On emploie le tréma sur une voyelle non accentuée qui doit se prononcer séparément de ce qui la précède.*

Ainsi, je me servirai du tréma en écrivant les mots : Moïse, Israël, Isaïe, Caïn, baïonnette, ciguë, Adélaïde...

13e LEÇON
Emploi de l'accent circonflexe en général.

1. Jérôme tourne la tête de côté et d'autre : sa légèreté lui attire souvent le blâme de la part du maître. La piqûre de la guêpe cause la même douleur qu'une brûlure.

2. Des pêches trop mûres sont bientôt gâtées. On nous servit à dîner du bouilli, du rôti et un pâté chaud, et pour dessert un gâteau, des châtaignes et des noix.

3. L'aumône n'appauvrit jamais, car qui donne au pauvre prête à Dieu. Les plus grandes fêtes sont Pâques, Pentecôte et Noël.

4. Les apôtres étaient des pêcheurs de Galilée. Les reliques que renfermait la châsse de sainte Geneviève ont été brûlées pendant la grande révolution. L'église Sainte-Blandine est située, à Lyon, près du confluent du Rhône et de la Saône.

5. *L'accent circonflexe s'emploie souvent pour rappeler une lettre que l'usage a supprimée.*

Au lieu d'écrire, comme autrefois : *apostre, fenestre, maistre...,* on écrit : apôtre, fenêtre, maître...

14e LEÇON
L'e fermé employé sans accent.

1. Pour subvenir à votre nourriture vous avez besoin de l'agriculteur, du meunier, du boulanger, du bou-

cher, du charcutier, du jardinier, du pâtissier, du cuisinier...

2. Pour vous procurer le logement, vous avez besoin du terrassier, du maçon, du tailleur de pierre, du charpentier, du couvreur, du plâtrier, du menuisier, du serrurier, du vitrier...

3. Pour votre vêtement, il a fallu que s'emploient le tisserand, le drapier, le tailleur, le chemisier, le cordonnier, le sabotier, le chapelier, le teinturier...

4. Que de services ne vous rendent pas les ouvriers des autres professions, tels que le matelassier, le tapissier, le verrier, le faïencier, le potier, le tonnelier, le vannier, l'horloger !...

Soyez donc reconnaissants envers la société, dont vous recevez tant de bienfaits.

5. *L'e fermé ne prend pas l'accent aigu devant l'r ou le z final.*

Ainsi, j'écrirai sans cet accent : berger, boucher, boulanger... Vous avez, vous aimez, vous chantez...

15ᵉ LEÇON

Exercice correspondant à la 3ᵉ composition.

Les élèves copieront, pour DEVOIRS ÉCRITS, *les mots et les propositions ci-après :*

1. Grand-père, grand'mère, petit-fils, petite-fille, Hôtel-Dieu, chef-lieu, sous-préfecture, arc-en-ciel, basse-cour, porte-drapeau.

2. Moïse, Ésaü, Isaïe, Raphaël, Adélaïde, Noël, aïeul, bisaïeul, ciguë, faïence, baïonnette, égoïsme, naïveté.

3. Pâques, Pentecôte, château, trône, pêches, mûres, âge, âme, aumône, Rhône, Saône.

4. Je suis menuisier. Tu es boulanger. Jérôme est cordonnier. Nous sommes charpentiers. Vous êtes verriers. Benoît et Barthélemi sont serruriers.

5. Le verbe être se conjugue, au présent de l'indicatif : Je *suis*, tu *es*, il *est*, nous *sommes*, vous *êtes*, ils *sont*.

16ᵉ LEÇON

L'*e* fermé et l'*e* ouvert employés sans accent.

1. La par*e*sse conduit à tous les *e*xcès, ainsi que le prouvent de trop nombreux *e*xemples. Le ciel et la t*e*rre sont remplis de merveilles, qui nous sont un sujet d'*e*xalter le Seigneur.

2. Pi*e*rre et Etienne concourent pour le prix d'*e*xcellence. Gertrude se donne une peine *e*xcessive pour procurer le néc*e*ssaire à ses parents infirmes.

3. Soyez *e*xact à faire votre devoir. Ne tardez pas à *e*xécuter vos bons projets : sachez profiter de l'occasion qui vous en est offerte.

4. Tout *e*xil est amer : efforcez-vous donc de consoler ceux qui subissent cette peine. L'*e*sprit doit commander au corps, et non s'en faire l'*e*sclave.

5. *L'e ne s'accentue jamais lorsqu'il est suivi d'une consonne doublée, d'un* x, *ou de trois consonnes.*

Ainsi j'écrirai sans accent : t*e*rre, *e*xemple, par*e*sse, *e*xactitude, *e*sprit, *e*sclavage, *e*strade...

17ᵉ LEÇON

Emploi de la majuscule dans les prénoms.

1. *H*enri est obéissant. *N*icolas est studieux. *Th*omas est généreux. *J*eanne et *Th*érèse sont laborieuses.

2. *C*laire et *E*lisabeth sont simplement vêtues. *L*uc et *S*imon travaillent pour dépasser *M*ichel et *M*atthieu. *A*ntoine a plus gagné de bons points que *C*harles, son frère aîné.

3. Le maître s'est plaint de *G*eorges et de *C*amille, tandis qu'il a donné des louanges à *P*hilippe, à *S*tanislas et à *D*ominique. Les cahiers d'*A*ntonin et de *G*uillaume sont loin d'être aussi bien tenus que ceux de *P*aul, de *J*acques et d'*A*lphonse.

4. La sœur *R*osalie Rendu était la providence des malheureux. Le vénérable *J*ean-*B*aptiste de La Salle a institué la congrégation des frères des Écoles chrétiennes.

5. *On emploie la majuscule ou grande lettre dans les noms de baptême ou prénoms.* Ainsi j'écrirai avec une majuscule : Jean, Augustin, Félix, Martin, Casimir, Isidore, Victor, Marthe, Rose, Geneviève, Hélène...

18ᵉ LEÇON

Emploi de la majuscule dans les noms de famille.

2. Christophe *C*olomb a découvert l'Amérique. Napoléon *B*onaparte a été successivement officier d'artillerie, général, premier consul, empereur. Pierre *C*orneille et Thomas *C*orneille son frère naquirent à Rouen.

2. Jean-Baptiste *V*ianney, curé d'Ars, est mort en odeur de sainteté. Saint Louis de *G*onzague est le patron de la jeunesse. Saint François de *S*ales fut un parfait modèle de douceur.

3. *P*armentier importa en France la culture de la pomme de terre. Le musée de Versailles possède plusieurs tableaux d'Horace *V*ernet, qui sont des chefs-d'œuvre.

4. Les maréchaux ou les généraux de Napoléon Iᵉʳ qui sont le plus souvent cités dans l'histoire sont : *K*léber, *M*asséna, *M*urat, *O*udinot, *N*ey, *L*efebvre, *L*annes, *S*oult, *S*uchet, *V*ictor, *M*acdonald, *M*armont, *D*avoust, *B*ernadotte, *B*erthier, Eugène de *B*eauharnais, *D*esaix, *D*rouot, *R*app, *B*ertrand...

5. *Les noms de famille prennent la majuscule.* J'écrirai donc avec une grande lettre : Bonaparte, Kléber, Suchet, Pélissier, Parmentier, Vernet...

19ᵉ LEÇON

Emploi de la majuscule pour les noms de ville, de contrée et de peuple.

1. La *F*rance est située dans un des plus beaux climats de l'*E*urope. Elle est plus avantagée sous beaucoup de rapports que l'Espagne, le Portu. l,

l'*A*ngleterre, la *B*elgique, la *S*uisse, l'*A*llemagne, l'*I*talie même.

2. Les *E*spagnols ont été, sous Charles-Quint, le plus puissant des peuples. Les *A*nglais dominent sur toutes les mers. Les *B*elges sont admirables par leur amour pour la propreté. Les *A*llemands et les *I*taliens cultivent avec prédilection la musique et la peinture.

4. Les principales villes de *F*rance sont Paris, *L*yon, *M*arseille, *B*ordeaux, *L*ille, *N*antes, *R*ouen, *T*oulouse, Saint-*É*tienne, *S*trasbourg, *T*oulon, *M*etz. Les *P*arisiens, les *L*yonnais, les *M*arseillais sont actifs et ingénieux. Les *L*illois et les *R*ouennais sont industrieux. Les *B*ordelais et les *N*antais sont courageux et persévérants...

5. *On emploie la majuscule pour les noms qui désignent en particulier une contrée, une ville, un peuple.* J'écrirai donc par une grande lettre : Judée, Rome, France, Paris...; les Juifs, les Romains, les Français, les Parisiens...

20ᵉ LEÇON

Exercice correspondant à la 4ᵉ composition.

Les élèves copieront, pour DEVOIRS ÉCRITS, *les mots et les propositions ci-après :*

1. Exemple, exactitude, exercice, excès, tonnerre, hirondelle, exil, esprit, exécution, esclave.

2. Pierre, Paul, Jean - Baptiste, Joseph, André, Philippe, Thomas, Matthieu, Étienne, Antoine. Georges, Jacques, Alphonse, Guillaume, Anatole, Laurent, Vincent. — France, Français; Russie, Russes; Angleterre, Anglais; Autriche, Autrichiens; Prusse, Prussiens; Italie, Italiens; Espagne, Espagnols...

3. J'étais en Allemagne. Tu étais en Belgique. Masséna était en Suisse. Nous étions en Portugal. Vous étiez en Italie. Soult, Junot et Suchet étaient en Espagne.

4. Le verbe être se conjugue à l'imparfait de l'indicatif : *J'étais*, tu *étais*, il *était*, nous *étions*, vous *étiez*, ils *étaient*.

DEUXIÈME PARTIE

—

21e LEÇON

Du nom.

1. Il y a des êtres qui existent réellement, mais que nous ne pouvons ni voir, ni toucher, ni entendre : ce sont Dieu, les anges, nos âmes.

2. Il y en a une multitude que nous pouvons voir, toucher, entendre ; tels sont : un homme, un animal, une plante, une pierre, une pièce de monnaie.

3. Il en est d'autres que nous considérons, dans le langage, comme des êtres réels, bien que ce ne soient au fond que des manières d'être ou d'agir ; tels sont : la mémoire, le courage, la vertu, le mouvement.

4. Pour désigner l'un quelconque de ces êtres, pour le signaler et en parler, on se sert d'un mot qui lui soit approprié.

Ainsi, lorsque nous voulons parler du Créateur, ou des esprits célestes, ou de nous-mêmes, ou des êtres animés, etc., nous nous servons des mots *Dieu, anges, hommes, animaux*, etc.

5. Eh bien, ce mot spécial, par lequel nous désignons soit une personne, soit une chose, est ce qu'on appelle en grammaire un NOM.

22e LEÇON

Du nom.

Le nom ou substantif est un mot qui sert à désigner une personne ou une chose.

1. Dieu a fait de rien les anges, les hommes, le

ciel, la terre, la mer, le firmament, le soleil, la lune, les étoiles, les oiseaux, les poissons, les animaux ; les plantes, les arbres, les feuilles, les fleurs, les fruits.

2. C'est Dieu qui nous donne les aliments qui nous nourrissent, la boisson qui nous rafraîchit, les vêtements qui nous couvrent, l'air que nous respirons, la lumière qui nous éclaire, le feu qui nous échauffe et qui sert pour la préparation de nos aliments.

3. C'est encore Dieu qui nous a donné des pieds, des mains, des doigts, des yeux, des oreilles, une mémoire, une volonté, une intelligence.

4. Aussi devons-nous l'aimer de tout notre cœur.

23e LEÇON

Du nom.

Le nom ou substantif est un mot qui sert à désigner une personne ou une chose.

1. Je vois dans ma classe des portes, des fenêtres, des tables, des bancs, des bureaux, des tableaux, des images, un christ, des sentences, des cartes géographiques, des modèles, une baguette, de la craie, un siége.

2. Il faut à un élève des livres, des cahiers, des plumes, un porte-plume, un encrier, un crayon, une règle, un transparent, un carton.

3. Mes livres ordinaires sont : le syllabaire, le catéchisme, le paroissien, la Vie de Jésus-Christ, l'extrait de grammaire, les abrégés de l'arithmétique, de l'histoire sainte, de l'histoire de France, de la géographie.

4. Un bon élève ne gâte rien de ce qui est à son usage.

24e LEÇON

Du nom.

Le nom ou substantif est un mot qui sert à désigner une personne ou une chose.

1. Le trousseau d'un petit garçon, c'est-à-dire l'en-

semble des vêtements et du linge à son usage, peut comprendre les objets suivants : pantalon, chemise, caleçon, gilet, tricot, veste, redingote, blouse, paletot, tunique, ceinturon, bretelles, cravate, mouchoir, casquette, calotte, toque, képi, chapeau, gants, bas, jarretières, souliers, bottines, brodequins, chaussons, sabots...

2. Pour prendre nos repas, il nous faut ordinairement une table, une chaise, une serviette, des assiettes, une fourchette, une cuiller, un couteau, un verre ou une timbale.

3. Pour prendre le repos de la nuit, il faut un lit, une paillasse ou un sommier, un matelas, un traversin, un oreiller, des draps, des couvertures.

4. L'enfant bien élevé a soin de tous les objets à son usage, afin d'éviter des dépenses à ses parents.

25ᵉ LEÇON

Exercice correspondant à la 5ᵉ composition.

Les élèves copieront, pour DEVOIRS ÉCRITS, *les modes et les temps ci-après du verbe* avoir :

MODE INFINITIF.

PRÉSENT.

Avoir.

PASSÉ.

Avoir eu, ayant eu.

PARTICIPE PRÉSENT.

Ayant.

PARTICIPE PASSÉ.

Eu, eue.

MODE INDICATIF.

PRÉSENT.

J'	ai.
Tu	as.
Il *ou* elle	a.
Nous	avons.
Vous	avez.
Ils *ou* elles	ont.

IMPARFAIT.

J'	avais.
Tu	avais.
Il	avait.
Nous	avions.
Vous	aviez.
Ils	avaient.

PASSÉ DÉTERMINÉ.

J'	eus.
Tu	eus.
Il	eut.
Nous	eûmes.
Vous	eûtes.
Ils	eurent.

PASSÉ INDÉTERMINÉ.

J'ai	eu.
Tu as	eu.
Il a	eu.
Nous avons	eu.

Vous avez   eu.
Ils ont   eu.

Vous aviez   eu.
Ils avaient   eu.

PASSÉ ANTÉRIEUR.

J'eus   eu.
Tu eus   eu.
Il eut   eu.
Nous eûmes   eu.
Vous eûtes   eu.
Ils eurent   eu.

PLUS-QUE-PARFAIT.

J'avais   eu.
Tu avais   eu.
Il avait   eu.
Nous avions   eu.

FUTUR SIMPLE.

J'   aurai.
Tu   auras.
Il   aura.
Nous   aurons.
Vous   aurez.
Ils   auront.

FUTUR ANTÉRIEUR.

J'aurai   eu.
Tu auras   eu.
Il aura   eu.
Nous aurons   eu.
Vous aurez   eu.
Ils auront   eu.

26ᵉ LEÇON

Du nom.

Le nom ou substantif est un mot qui sert à désigner une personne ou une chose.

1. La nourriture de l'homme comprend, le plus ordinairement, le pain, la viande de boucherie, la charcuterie, la volaille, le poisson, les œufs, le lait, le beurre, le fromage, le riz, le macaroni, la semoule, le vermicelle, le miel, les confitures; les légumes, tels que pois, haricots, lentilles, fèves; les plantes potagères, comme carottes, panais, raves, pommes de terre, navets, radis, choux, salades, artichauts, cresson.

2. Elle comprend également les fruits, tels que poires, pommes, pêches, abricots, prunes, nèfles, cerises, raisin, fraises, framboises, amandes, noix, noisettes, figues, marrons, châtaignes.

3. Pour boisson, nous avons le vin, le cidre, la bière, la piquette, la limonade, sans compter les liqueurs, le thé, le café; nous avons surtout l'eau, qui, de toutes les boissons, est la plus nécessaire et la plus saine.

4. Pour accommoder ou assaisonner les aliments, nous avons la graisse de porc ou le saindoux, le

beurre, l'huile, le vinaigre, le poivre, la moutarde, le sel, le sucre, la cannelle, les clous de girofle...

Jouissons de ces dons; mais n'oublions pas le Père céleste de qui nous les tenons.

27ᵉ LEÇON

Du nom.

Le nom ou substantif est un mot qui sert à désigner une personne ou une chose.

1. Aimons du plus grand amour notre père et notre mère, et, après eux, nos autres parents : frères et sœurs, grand-père et grand'mère, oncles et tantes, cousins et cousines, neveux et nièces.

2. Soyons aussi très-respectueux et obéissants envers les personnes qui ont autorité sur nous, comme monsieur le curé, monsieur le maire, notre parrain, notre marraine, notre maître, notre patron, nos bienfaiteurs.

3. Vivons en paix avec tout le monde : voisins, condisciples, émules, camarades, confrères, domestiques, propriétaires, locataires, compatriotes, étrangers... que tous n'aient qu'à se féliciter de notre conduite.

4. Le filleul, ou la filleule, qui est docile aux sages conseils de son parrain et de sa marraine, s'applaudira de son obéissance. L'enfant qui honore, aime et assiste son père et sa mère, est béni de Dieu et des hommes.

28ᵉ LEÇON

Du nom.

Le nom ou substantif est un mot qui sert à désigner une personne ou une chose.

1. Quand on construit une maison, on creuse d'abord le sol; on jette les fondements et l'on fait la cave; on élève ensuite les murs, posant, dès qu'on le peut, les poutres, les solives, les lambourdes pour les plan-

chers du rez-de-chaussée, des différents étages et du grenier.

2. On ménage la place des escaliers, des portes, des fenêtres, des corridors, des cheminées, suivant les usages auxquels les appartements sont destinés.

3. On dispose les ouvertures de telle sorte que l'air puisse facilement se renouveler, et que l'on soit, autant que possible, à l'abri du froid glacial de l'hiver et des brûlantes chaleurs de l'été.

4. On établit la charpente du toit de la manière la plus solide, et on la couvre enfin avec des tuiles ou des ardoises, ou avec des plaques de zinc, ou même de plomb.

5. La conservation de notre santé demande que nous habitions des appartements propres et bien aérés.

29ᵉ LEÇON

Du nom.

Le nom ou substantif est un mot qui sert à désigner une personne ou une chose.

1. Dans une famille ordinaire, l'ameublement doit être propre, bien tenu, placé convenablement; mais il doit être simple.

2. Des dépenses exagérées pour des chaises, des fauteuils, des canapés, des tapis, des tableaux, des glaces, des pendules, des rideaux, des nappes, des meubles en bois précieux, dénoteraient l'amour du luxe, et seraient ruineuses.

3. Mieux vaut employer cet argent à fournir aux différents membres de la famille un trousseau assez complet, pour que chacun puisse changer, en temps convenable, de linge, d'habit, de draps, de bonnet de nuit, de mouchoir, de bas, de souliers, de serviette...

4. Aussi c'est à cela que visent un père et une mère qui aiment véritablement leurs enfants, comprenant, du reste, que c'est un excellent exemple à leur donner.

5. Un livret de caisse d'épargne est un certificat de bonne vie.

30ᵉ LEÇON

Exercice correspondant à la 6ᵉ composition.

Les élèves copieront, pour DEVOIRS ÉCRITS, *les modes et les temps ci-après du verbe* avoir :

MODE CONDITIONNEL.

PRÉSENT OU FUTUR.

J'   aurais.
Tu   aurais.
Il   aurait.
Nous   aurions.
Vous   auriez.
Ils   auraient.

PASSÉ.

J'aurais   eu.
Tu aurais   eu.
Il aurait   eu.
Nous aurions eu.
Vous auriez   eu.
Ils auraient eu.

SECOND PASSÉ.

J'eusse   eu.
Tu eusses   eu.
Il eût   eu.
Nous eussions eu.
Vous eussiez eu.
Ils eussent   eu.

MODE IMPÉRATIF.

Point de première personne au singulier, ni de troisième aux deux nombres.

PRÉSENT OU FUTUR.

Aie
Ayons.
Ayez.

FUTUR ANTÉRIEUR.
Ce temps est peu usité.

Aie   eu.
Ayons   eu.
Ayez   eu.

MODE SUBJONCTIF.

PRÉSENT OU FUTUR.

Que j'   aie.
Que tu   aies.
Qu'il   ait.
Que nous   ayons.
Que vous   ayez.
Qu'ils   aient.

IMPARFAIT.

Que j'   eusse.
Que tu   eusses.
Qu'il   eût.
Que nous   eussions.
Que vous   eussiez.
Qu'ils   eussent.

PASSÉ.

Que j'aie   eu.
Que tu aies   eu.
Qu'il ait   eu.
Que nous ayons eu.
Que vous ayez   eu.
Qu'ils aient   eu.

PLUS-QUE-PARFAIT.

Que j'eusse   eu.
Que tu eusses   eu.
Qu'il eût   eu.
Que nous eussions eu.
Que vous eussiez eu.
Qu'ils eussent   eu.

31ᵉ LEÇON

Nom commun et nom propre.

Le nom commun est celui qui convient à tous les êtres de la même espèce.

Le nom propre est celui qui ne s'applique qu'à un être, ou à une réunion d'êtres, que l'on veut désigner en particulier.

1. Peu de *souverains* ont été aussi glorieux que CLOVIS, CHARLEMAGNE, saint LOUIS, LOUIS XIV, NAPOLÉON Iᵉʳ.

2. DUGUESCLIN, BEAUMANOIR, COUCY, BAYARD, CONDÉ, TURENNE sont des *modèles* de *bravoure*.

3. Sainte CLOTILDE, sainte BATHILDE et sainte JEANNE DE VALOIS étaient des *reines* de FRANCE.

4. Les principaux *peuples* de l'EUROPE sont les FRANÇAIS, les ANGLAIS, les RUSSES, les ALLEMANDS, les AUTRICHIENS, les HONGROIS, les PRUSSIENS, les ITALIENS, les TURCS, les ESPAGNOLS, les PORTUGAIS, les BELGES, les HOLLANDAIS, les SUÉDOIS, les DANOIS, les GRECS, les SUISSES.

5. La *religion* assure le *bonheur* des *individus*, des *familles* et des *peuples*.

32ᵉ LEÇON

Nom commun et nom propre.

Le nom commun est celui qui convient à tous les êtres de la même espèce.

Le nom propre est celui qui convient à un être ou à une réunion d'êtres que l'on veut désigner en particulier.

1. La *classe* que j'ai visitée, *rue* SAINT-JEAN, est composée d'*élèves* vraiment dignes d'*éloges*.

2. Le petit JOSEPH, quoique nouvellement admis, gagne chaque *jour* le *maximum* des *points* assignés.

3. ANDRÉ, ANTOINE, PHILIPPE, PIERRE et GEORGES se suivent de si près qu'à peine peut-on désigner à chacun sa *place*. MATTHIEU, LOUIS, ALPHONSE, JEAN et FRANÇOIS se disputent vaillamment le *prix* d'*honneur*.

4. Quant à leur *conduite*, elle est extrêmement satis-

faisante. Tous se montrent laborieux, obéissants, soumis, attentifs; et s'il y en a qui, dans le *concours*, ne sont pas sans *peur*, comme l'était le *chevalier* BAYARD, tous sont comme lui sans *reproches* graves, et peuvent se rendre le *témoignage* d'avoir fait tout leur *possible*.

5. *L'émulation* est la *mère* des *succès*.

33ᵉ LEÇON

Nom commun et nom propre.

Le nom commun est celui qui convient à tous les êtres de la même espèce.

Le nom propre est celui qui s'applique à un être, ou à une réunion d'êtres, que l'on veut désigner en particulier.

1. JÉSUS-CHRIST, prêchant l'ÉVANGILE, choisit douze de ses *disciples* et les nomma *apôtres*, c'est-à-dire *envoyés*. C'étaient PIERRE et ANDRÉ son *frère*, JACQUES et JEAN *fils* de ZÉBÉDÉE, PHILIPPE, BARTHÉLEMI, THOMAS, MATTHIEU, JACQUES *fils* d'ALPHÉE, THADÉE appelé aussi JUDE, SIMON le CHANANÉEN, et JUDAS qui fut le *traître*, et à la *place* de qui on élut MATHIAS.

2. On donne également le *nom d'apôtre* à saint PAUL, à saint BARNABÉ, et à plusieurs grands *personnages* qui ont évangélisé certaines *contrées* ou qui se sont consacrés à des *œuvres* d'un *mérite* tout particulier.

3. C'est ainsi que saint DENIS est appelé *l'apôtre* de la FRANCE; saint FRANÇOIS XAVIER, *l'apôtre* des INDES et du JAPON; saint FRANÇOIS DE SALES, *l'apôtre* du CHABLAIS; saint VINCENT DE PAUL, *l'apôtre* de la *charité;* le vénérable JEAN-BAPTISTE DE LA SALLE, *l'apôtre* de la *jeunesse*.

34ᵉ LEÇON

Nom commun et nom propre.

Le nom commun est celui qui convient à tous les êtres de la même espèce.

Le nom propre est celui qui s'applique à un être, ou à une réunion d'êtres, que l'on veut désigner en particulier.

1. ADAM et ÈVE, créés dans l'*innocence*, furent

placés dans un *jardin* qu'on a appelé *paradis* terrestre, mais d'où Dieu les chassa après leur *péché.*
Leurs premiers *enfants* furent Caïn, Abel et Seth.

2. Les plus célèbres *patriarches* sont Noé, Abraham, Isaac, Jacob, Juda, Joseph.

3. Entre les *prophètes* les plus favorisés du *ciel*, on remarque Moïse, Élie, Elisée, David, et ceux qu'on a appelés soit grands soit petits *prophètes*, selon qu'ils avaient plus ou moins laissé d'*écrits* inspirés.

4. Les quatre grands *prophètes* sont : Isaïe, Jérémie, Ézéchiel et Daniel. Les douze petits *prophètes* sont : Osée, Joel (Joël), Amos, Abdias, Jonas, Michée, Nahum, Habacuc, Sophonie, Aggée, Zacharie et Malachie.

5. Les *auteurs* sacrés nous font connaître le nom de trois *anges :* Michel, qui combattit le *démon ;* Raphael, (Raphaël), qui conduisit le jeune Tobie ; Gabriel, qui annonça à Marie qu'elle serait la *mère* du Dieu sauveur.

6. Les quatre *évangélistes* sont : saint Matthieu, saint Marc, saint Luc et saint Jean.

35ᵉ LEÇON

Exercice correspondant à la 7ᵉ composition.

Les élèves copieront, pour DEVOIRS ÉCRITS, *les modes
et les temps ci-après du verbe* être :

MODE INFINITIF.	MODE INDICATIF.
PRÉSENT.	PRÉSENT.
Être.	*Maintenant,*
PASSÉ.	Je suis.
Avoir été, ayant été.	Tu es.
	Il *ou* elle est.
PARTICIPE PRÉSENT.	Nous sommes.
	Vous êtes.
Étant.	Ils *ou* elles sont.
	IMPARFAIT.
PARTICIPE PASSÉ.	*Pendant que tu lisais,*
Été.	J' étais.

Tu   étais.
Il   était.
Nous   étions.
Vous   étiez.
Ils   étaient.

PASSÉ DÉTERMINÉ.

Hier, l'an passé,

Je   fus.
Tu   fus.
Il   fut.
Nous   fûmes.
Vous   fûtes.
Ils   furent.

PASSÉ INDÉTERMINÉ.

Ce matin, cette année,

J'ai   été.
Tu as   été.
Il a   été.
Nous avons été.
Vous avez   été.
Ils ont   été.

PASSÉ ANTÉRIEUR.

Nous partîmes lorsque

J'eus   été.
Tu eus   été.
Il eut   été.
Nous eûmes été.

Vous eûtes été.
Ils eurent été.

PLUS-QUE-PARFAIT.

Quand vous arrivâtes,

J'avais   été.
Tu avais   été.
Il avait   été.
Nous avions été.
Vous aviez été.
Ils avaient été.

FUTUR SIMPLE.

Demain, l'an prochain,

Je   serai.
Tu   seras.
Il   sera.
Nous   serons.
Vous   serez.
Ils   seront.

FUTUR ANTÉRIEUR.

Quand vous arriverez,

J'aurai   été.
Tu auras   été.
Il aura   été.
Nous aurons été.
Vous aurez été.
Ils auront été.

36e LEÇON

Du genre dans les noms.

Un nom est du masculin quand l'usage permet de le faire précéder des mots **le** ou **un**.

Un nom est du féminin quand l'usage permet de le faire précéder des mots **la** ou **une**.

1. Il y a des *animaux* domestiques, c'est-à-dire demeurant avec l'*homme* et le servant. Les principaux sont : le *cheval*, le *bœuf*, la VACHE, le *mulet*, l'*âne*, la CHÈVRE, le *mouton*, la BREBIS, le *chien*, le *chat*, les *oiseaux* de BASSE-COUR.

2. Dans certains *pays* on tire des *avantages* inap-

préciables du *chameau*, du *dromadaire*, de l'*éléphant*, et, en d'autres, du *renne*.

3. Le *chien* est le *gardien* de la MAISON, le fidèle *ami* de ceux qui y habitent, l'*aide* indispensable du *berger*.

4. Les principaux *oiseaux* de BASSE-COUR sont : la POULE, le *coq*, la DINDE, le *dindon*, l'OIE, la CANE, le *canard*, le *paon*, le *pigeon*, la COLOMBE.

5. En voyant les CRÉATURES nous servir, rappelons-nous que nous devons servir le *Créateur*, et le bénir de ses *dons*.

37ᵉ LEÇON

Du genre dans les noms.

On reconnaît qu'un nom est du genre masculin quand l'usage permet de le faire précéder des mots **le** ou **un**.

On reconnaît qu'un nom est du genre féminin quand l'usage permet de le faire précéder des mots **la** ou **une**.

1. L'*air* est peuplé d'*oiseaux* de toute ESPÈCE et de toute GRANDEUR. Il en est qui sont plus forts et plus puissants que les autres et qui se nourrissent de CHAIR vivante; ils sont appelés *oiseaux* de PROIE, tels sont l'*aigle*, le *vautour*, l'*épervier*, le *milan*, la BUSE, le *tiercelet*, le *hibou*, la CHOUETTE.

2. Il en est qui se nourrissent de *poissons*, de GRE-NOUILLES, de *limaçons*, de *vers de terre*..., tels sont le *héron*, le *martin-pêcheur*, la CIGOGNE, la GRUE, la BÉCASSE, le *pélican*, la SARCELLE.

3. La PLUPART des *oiseaux* se nourrissent d'*insectes* et de GRAINES; ils sont inoffensifs et réjouissent notre OREILLE par leur *chant*, ou charment notre REGARD par leur *plumage*.

4. Les principaux *oiseaux* chanteurs sont le *rossignol*, le *serin* ou *canari*, l'ALOUETTE, la FAUVETTE, le *chardonneret*, la GRIVE, le *merle*, l'HIRONDELLE, le *pinson*, la LINOTTE.

5. Au-dessous des *oiseaux*, sont la SAUTERELLE, la CIGALE, le *papillon*, l'ABEILLE ou MOUCHE A MIEL, la GUÉPE, le *hanneton*, la MOUCHE, le *moucheron*.

6. Tout dans la NATURE est disposé avec *ordre*, et révèle la SAGESSE du *Créateur*.

38ᵉ LEÇON

Du genre dans les noms.

On reconnaît qu'un nom est du genre masculin quand l'usage permet de le faire précéder des mots **le** ou **un**.
On reconnaît qu'un nom est du genre féminin quand l'usage permet de le faire précéder des mots **la** ou **une**.

1. L'*homme* reçoit de la NATURE les MATIÈRES premières, qu'il transforme à son *gré*, selon ses *besoins*.

2. Il peut, avec le *bois*, confectionner une TABLE, un *banc*, une ARMOIRE, un *parquet*, une CROISÉE, une ÉCHELLE, une CHARRUE, un *char*, un *affût* de *canon*, une BARQUE, un *gouvernail*, un *mât*, un *vaisseau*...

3. Il peut, avec le *fer* ou l'*acier*, confectionner ou fabriquer une CHAUDIÈRE, un *gril*, une SOUPAPE, une TRINGLE, un *rail*, un *esssieu*, un *frein*, un *boulon*, un *écrou*, une VIS, un *clou*, une SERRURE, une CLÉ, une TARGETTE, un *loquet*, une PIOCHE, une PELLE, une BÊCHE, un *tisonnier*, des PINCETTES, une MARMITE, une ARME à *feu*, un *instrument* tranchant: un *sabre*, une ÉPÉE, un *couteau*, une SERPE, une FAUCILLE, une HACHE, un *couperet*, un *canif*, un *rasoir*...

4. L'*homme* produit un *nombre* indéfini d'*objets*, en travaillant l'*or*, l'*argent*, le *cuivre*, le *plomb*, l'*étain*, le *zinc*, la PIERRE, le *marbre*, l'ARGILE, la LAINE, le *chanvre*, le *lin*, le *coton*, la SOIE, ou encore la PEAU, les *os*, les DENTS, la CORNE de certains *animaux*.

5. Mais il ne doit point s'enorgueillir de son *pouvoir*, parce que c'est de *Dieu* qu'il l'a reçu.

39ᵉ LEÇON

Du genre dans les noms.

On reconnaît qu'un nom est du genre masculin quand l'usage permet de le faire précéder des mots **le** ou **un**.
On reconnaît qu'un nom est du genre féminin quand l'usage permet de le faire précéder des mots **la** ou **une**.

1. L'ANNÉE se divise en quatre SAISONS : l'*hiver*, le *printemps*, l'*été* et l'*automne*.

2. L'*hiver* commence vers le 22 *décembre*, c'est-à-dire au *moment* où les *jours* sont le plus courts et les NUITS le plus longues : c'est l'ÉPOQUE du *froid*; alors les *arbres* sont dépouillés de leurs FEUILLES, la TERRE est presque continuellement couverte de *givre* et de NEIGE; aussi, pendant ce *temps*, ne produit-elle point de *fruits*.

3. Le *printemps* commence vers le 22 *mars*, c'est-à-dire au *moment* où les *jours* sont égaux aux NUITS.

Alors la NATURE se réveille, les *arbres* commencent à donner des FEUILLES et des FLEURS, et la TERRE se revet de sa ROBE de VERDURE pour se préparer à nous donner ses *produits*.

4. L'*été* commence vers le 22 *juin*, c'est-à-dire à l'ÉPOQUE des plus longs *jours* : c'est le *temps* où la TERRE nous prodigue ses RICHESSES.

5. L'*automne* commence vers le 22 *septembre*; alors les *jours* sont de nouveau égaux aux NUITS : c'est le *temps* où le *cultivateur* recueille les derniers *fruits* de la TERRE, cueille le *raisin* et fait le *vin*.

6. Pour le bon *élève*, il ne doit pas y avoir de SAISON stérile.

40ᵉ LEÇON

Exercice correspondant à la 8ᵉ composition.

Les élèves copieront, pour DEVOIRS ÉCRITS, *les modes et les temps ci-après du verbe* être :

MODE CONDITIONNEL.

PRÉSENT OU FUTUR.

Si je voulais,

Je	serais.
Tu	serais.
Il	serait.
Nous	serions.
Vous	seriez.
Ils	seraient.

PASSÉ.

Si vous l'aviez voulu,

J'aurais	été.
Tu aurais	été.
Il aurait	été.
Nous aurions	été.
Vous auriez	été.
Ils auraient	été.

SECOND PASSÉ.

J'eusse	été.

Tu eusses. été.
Il eût été.
Nous eussions été.
Vous eussiez été.
Ils eussent été.

MODE IMPÉRATIF.

PRÉSENT OU FUTUR.

Aujourd'hui et toujours,

Sois.
Soyons.
Soyez.

FUTUR ANTÉRIEUR.

Ce temps est peu usité.

Demain, à deux heures,

Aie été.
Ayons été.
Ayez été.

MODE SUBJONCTIF.

PRÉSENT OU FUTUR.

Il faut, il faudra

Que je sois.
Que tu sois.
Qu'il soit.
Que nous soyons.

Que vous soyez.
Qu'ils soient.

IMPARFAIT.

Il fallait, il faudrait

Que je fusse.
Que tu fusses.
Qu'il fût.
Que nous fussions.
Que vous fussiez.
Qu'ils fussent.

PASSÉ.

Il faut, il faudra

Que j'aie été.
Que tu aies été.
Qu'il ait été.
Que nous ayons été.
Que vous ayez été.
Qu'ils aient été.

PLUS-QUE-PARFAIT.

Il fallait, il faudrait

Que j'eusse été.
Que tu eusses été.
Qu'il eût été.
Que nous eussions été.
Que vous eussiez été.
Qu'ils eussent été.

41ᵉ LEÇON

Du nombre dans les noms.

Il y a deux nombres en français, le *singulier* et le *pluriel*.
Un nom est au singulier quand il ne désigne qu'un seul être.
Un nom est au pluriel quand il désigne plusieurs êtres.

1. Une *semaine* se compose de sept JOURS, qu'on appelle : *dimanche, lundi, mardi, mercredi, jeudi, vendredi* et *samedi*.

2. Un *jour* se compose de vingt-quatre HEURES, une *heure* de soixante MINUTES, une *minute* de soixante SECONDES. Une *seconde* équivaut à la *durée* d'un *battement* de *pouls*.

3. Quatre SEMAINES environ font un *mois*, douze MOIS font un *an*. Cent ANS font un *siècle*.

4. Les douze MOIS ont été appelés : *janvier*, *février*, *mars*, *avril*, *mai*, *juin*, *juillet*, *août*, *septembre*, *octobre*, *novembre* et *décembre*.

Les MOIS de *janvier*, *mars*, *mai*, *juillet*, *août*, *octobre*, *décembre*, ont chacun trente-un JOURS; celui de *février* en a vingt-huit, et, une *fois* tous les quatre ANS, vingt-neuf; les autres MOIS sont de trente JOURS.

5. Pour mesurer le *temps*, on se sert de MONTRES, de PENDULES, d'HORLOGES.

6. Le *repos* du *dimanche* est un *devoir* religieux. Le *chômage* du *lundi* est pour beaucoup d'OUVRIERS un *désordre*, qui fait la *désolation* et la *ruine* de leur *famille*.

42e LEÇON

Du nombre dans les noms.

Un nom est au singulier quand il ne désigne qu'un seul être.
Un nom est au pluriel quand il désigne plusieurs êtres.

1. Dans une *ville*, il y a des PLACES, des BOULEVARDS, des RUES, des RUELLES, des PASSAGES, des IMPASSES, des ÉDIFICES publics, comme l'*église*, la *mairie*, l'*école*. Il y a des HALLES, des HANGARS, des REMISES, des FONTAINES.

2. Une *rue* est pavée, ou macadamisée. Elle comprend les TROTTOIRS, réservés pour les PIÉTONS; la *chaussée*, réservée pour le *passage* des VOITURES; les RUISSEAUX qui conduisent les EAUX dans une *rue* plus basse, ou dans un *canal* souterrain nommé *égout*.

3. Pour construire une *maison*, on emploie la *pierre*, le *sable*, la *chaux*, le *ciment*, les BRIQUES, les TUILES, l'*ardoise*, le *marbre*, le *plâtre*, le *bois*, le *fer*, le *zinc*, le *bitume*...

4. Il importe de bien entretenir les TOITS, car une *gouttière* peut, avec le *temps*, causer la *ruine* d'un *palais*.

43ᵉ LEÇON

Du nombre dans les noms.

Un nom est au singulier quand il ne désigne qu'un seul être.
Un nom est au pluriel quand il désigne plusieurs êtres.

1. Un *régiment* de *ligne* forme trois BATAILLONS en *temps* de *paix*, et quatre en *temps* de *guerre*. Un *bataillon* comprend huit COMPAGNIES. Une *compagnie* compte environ une *centaine* de SOLDATS.

2. La *France* se divise en quatre-vingt-neuf DÉPAR-TEMENTS ; un *département* se divise en ARRONDISSE-MENTS, un *arrondissement* en CANTONS, un *canton* en COMMUNES. Ainsi les COMMUNES forment le *canton*, les CANTONS l'*arrondissement*, les ARRONDISSEMENTS le *département*, les DÉPARTEMENTS l'*État* lui-même.

3. Les principales CHAÎNES de MONTAGNES de la *France* sont les ALPES, les PYRÉNÉES, les CÉVENNES, les MONTS d'*Auvergne*, les MONTS du *Jura*, les VOSGES.

4. Les principaux FLEUVES qui arrosent notre riche *contrée* sont le *Rhin*, la *Loire*, le *Rhône*, la *Seine*, la *Gironde* formée de la *Garonne* et de la *Dordogne*.

6. La *Saône* est une des plus belles RIVIÈRES par son *onde* paisible et ses RIVES fertiles et gracieuses. C'est non loin du *confluent* du *Rhône* et de la *Saône* qu'ont été martyrisés saint *Pothin*, sainte *Blandine*, saint *Irénée* et des MILLIERS d'autres CHRÉTIENS.

44ᶜ LEÇON

Du nombre dans les noms.

Un nom est au singulier quand il ne désigne qu'un seul être.
Un nom est au pluriel quand il désigne plusieurs êtres.

1. La *géographie* divise le *globe* en cinq PARTIES, savoir : l'*Europe*, l'*Asie*, l'*Afrique*, l'*Amérique*, l'*Océanie;* elle subdivise ces grandes RÉGIONS en EM-PIRES, en ROYAUMES, en RÉPUBLIQUES, en PROVINCES.

2. Elle examine les PRODUITS, les RICHESSES et les PROPRIÉTÉS de ces CONTRÉES; elle parle du *caractère* des

PEUPLES qui les habitent, de leurs MŒURS, de leurs USAGES, des diverses BRANCHES de leur *commerce*, etc. etc.

3. La *connaissance* de la *géographie* est utile aux VOYAGEURS, aux COMMERÇANTS, aux HISTORIENS, et presque à tous les HOMMES.

4. Étudions spécialement celle de la *France*, notre *patrie*, et des PAYS circonvoisins, comme l'*Angleterre*, la *Belgique*, l'*Allemagne*, la *Suisse*, l'*Italie*, l'*Espagne*.

45ᵉ LEÇON
Exercice correspondant à la 9ᵉ composition.

Les élèves copieront, pour DEVOIRS ÉCRITS, *les modes et les temps ci-après du verbe* aimer :

MODE INFINITIF.
PRÉSENT.
Aim er.

PASSÉ.
Avoir aim é, ayant aim é.

PARTICIPE PRÉSENT.
Aim ant.

PARTICIPE PASSÉ.
Aim é, aim ée.

MODE INDICATIF.
PRÉSENT.
Maintenant, chaque jour,
J' aime.
Tu aim es.
Il aim e.
Nous aim ons.
Vous aim ez.
Ils aim ent.

IMPARFAIT.
Autrefois,
J' aim ais.
Tu aim ais.
Il aim ait.

Nous aim ions.
Vous aim iez.
Ils aim aient.

PASSÉ DÉTERMINÉ.
Hier, l'an passé,
J' aim ai.
Tu aim as.
Il aim a.
Nous aim âmes.
Vous aim âtes.
Ils aim èrent.

PASSÉ INDÉTERMINÉ.
Ce matin, cette année,
J'ai aim é.
Tu as aim é.
Il a aim é.
Nous avons aim é.
Vous avez aim é.
Ils ont aim é.

PASSÉ ANTÉRIEUR.
Je fus heureux, lorsque
J'eus aim é.
Tu eus aim é.
Il eut aim é.
Nous eûmes aim é.

Vous eûtes aim é.
Ils eurent aim é.

PLUS-QUE-PARFAIT.

Jusqu'à huit ans, toujours

J'avais   aim é.
Tu avais   aim é.
Il avait   aim é.
Nous avions aim é.
Vous aviez   aim é.
Ils avaient aim é.

FUTUR SIMPLE.

Demain, l'an prochain,

J'   aim erai.

Tu   aim eras.
Il   aim era.
Nous   aim erons.
Vous   aim erez.
Ils   aim eront.

FUTUR ANTÉRIEUR.

Jusqu'à la mort,

J'aurai   aim é.
Tu auras   aim é.
Il aura   aim é.
Nous aurons aim é.
Vous aurez   aim é.
Ils auront   aim é.

46ᵉ LEÇON

Formation du pluriel dans les noms.

La règle générale pour former le pluriel dans les noms est d'ajouter un **s** au singulier.

1. En jetant mes *regards* sur la nature, je vois le firmament, le soleil, la lune, les *étoiles*, des *planètes*, des *nuages*, des *plantes*, des *arbustes*, des *arbres*, des *feuilles*, des *fruits*.

2. Je vois des *êtres* vivants et de toutes les *espèces*, depuis la fourmi jusqu'à l'éléphant, depuis le vermisseau jusqu'au serpent boa, depuis la souris jusqu'au lion, depuis le colibri ou l'oiseau-mouche jusqu'à l'aigle ou à l'autruche.

3. Je distingue des *villes*, des *villages*, des *bourgs*, des *rues*, des *palais*, des *maisons*, des *chaumières*, des *cabanes;* ou encore des *forêts*, des *champs*, des *prés*, des *routes*, des *chemins de fer*, des *fleuves*, des *rivières*, des *montagnes*, des *collines*, des *plaines*, des *vallées*.

4. Et dans toutes ces *choses* j'admire la puissance, la bonté, la sagesse du Créateur, qui a tout fait pour les *hommes*, et les *hommes* pour lui.

47ᵉ LEÇON

Formation du pluriel dans les noms.

La règle générale pour former le pluriel dans les noms est d'ajouter un **s** au singulier.

1. Dans nos *contrées*, nous employons surtout, pour le transport des *marchandises* par voie de terre, les *vagons*, les *chars*, les *chariots*, les *charrettes*, les *fourgons*, les *camions*, les *haquets*, les *tapissières*, les *brouettes*, les *voitures* à *bras*.

2. Pour le transport des *personnes*, on emploie les *cabriolets*, les *fiacres*, les *omnibus*, les *calèches*, les *diligences*, et principalement les *vagons* destinés pour les *voyageurs*, et qui composent ces *convois* ou ces *trains* dont la vitesse est généralement si prodigieuse.

3. A Paris, les *fiacres* sont si multipliés ou les *omnibus* si nombreux, que la ville en est constamment sillonnée dans tous les *sens*. Certaines *rues* sont, pour ainsi dire, encombrées par les *voitures* dix à douze *heures* par jour.

4. Mais grâce aux *mesures* de précaution prises par l'autorité, à l'expérience et à l'adresse des *cochers*, à la surveillance des *agents* de ville, les *accidents* sont relativement peu fréquents, et ils le seraient moins encore si les *piétons*, au lieu de s'occuper de ce qui se passe autour d'eux, veillaient davantage sur leurs *démarches* pour se prémunir contre les *dangers*.

48ᵉ LEÇON

Formation du pluriel dans les noms.

La règle générale pour former le pluriel dans les noms est d'ajouter un **s** au singulier.

1. Il faut, pour conserver notre santé, être très-modéré dans l'usage des *aliments*. Telles *personnes* qui se contentent de pain, de *légumes*, de *fruits* suffisamment mûrs, de viande de bœuf, et qui prennent pour

boisson de l'eau rougie, sont bien mieux portantes que si elles faisaient usage de *mets* variés, de *viandes* recherchées et trop épicées, de *boissons* échauffantes.

2. Les *bonbons*, les *dragées*, les *pastilles*, les *pâtés*, les *gaufres*, en un mot, toutes les *friandises* et les *sucreries* sont peu propres à former le tempérament dans les *enfants* : il faut qu'ils s'en abstiennent, ou du moins qu'ils n'en usent qu'avec modération.

3. De plus, il faut que leurs *repas* soient bien réglés, qu'ils ne prennent rien avant que la digestion de ce qu'ils ont pris précédemment soit entièrement terminée.

4. Les *excès* de table, disent nos saints *livres*, ont fait mourir plus d'*hommes* que les *batailles* les plus meurtrières.

49ᵉ LEÇON

Formation du pluriel dans les noms.

La règle générale pour former le pluriel dans les noms est d'ajouter un **s** au singulier.

Les noms terminés au singulier par s, x, z ne changent pas au pluriel, parce qu'ils en ont déjà la marque.

1. Un bras, des *bras*; le velours, les *velours*; un prospectus, des *prospectus*; un compas, des *compas*; un concours, des *concours*; un discours, des *discours*; un talus, des *talus*; un tamis, des *tamis*; un puits, des *puits*; un enclos, des *enclos*; un pays, des *pays*; un logis, des *logis*; un palais, des *palais*; le nez, les *nez*; la voix, les *voix*.

2. Le bon fils honore son père et sa mère. Les *fils* de Jacob désolèrent ce saint vieillard en vendant leur frère Joseph.

3. L'enfant pieux a auprès de son lit un crucifix ou une croix, un bénitier, une image de la très-sainte Vierge et de ses saints *patrons*.

4. Respectons toujours les *crucifix*, les *croix*, les *images* des *saints* et les autres *objets* de piété.

50ᵉ LEÇON

Exercice correspondant à la 10ᵉ composition.

Les élèves copieront, pour DEVOIRS ÉCRITS, *les modes et les temps ci-après du verbe* aimer :

MODE CONDITIONNEL.

PRÉSENT OU FUTUR.

Si je voulais,

J'	aim erais.
Tu	aim erais.
Il	aim erait.
Nous	aim erions.
Vous	aim eriez.
Ils	aim eraient.

PASSÉ.

Si vous l'aviez voulu,

J'aurais	aim é.
Tu aurais	aim é.
Il aurait	aim é.
Nous aurions	aim é.
Vous auriez	aim é.
Ils auraient	aim é.

SECOND PASSÉ.

J'eusse	aim é.
Tu eusses	aim é.
Il eût	aim é.
Nous eussions	aim é.
Vous eussiez	aim é.
Ils eussent	aim é.

MODE IMPÉRATIF.

PRÉSENT OU FUTUR.

Aujourd'hui et toujours,

Aim e.
Aim ons.
Aim ez.

FUTUR ANTÉRIEUR.

Avant que je vienne,

Aie	aim é.
Ayons	aim é.
Ayez	aim é.

MODE SUBJONCTIF.

PRÉSENT OU FUTUR.

Il faut, il faudra.

Que j'	aim e.
Que tu	aim es.
Qu'il	aim e.
Que nous	aim ions.
Que vous	aim iez.
Qu'ils	aim ent.

IMPARFAIT.

Il fallait, il faudrait

Que j'	aim asse.
Que tu	aim asses.
Qu'il	aim ât.
Que nous	aim assions.
Que vous	aim assiez.
Qu'ils	aim assent.

PASSÉ.

Il faut, il faudra

Que j'aie	aim é.
Que tu aies	aim é.
Qu'il ait	aim é.
Que nous ayons	aim é.
Que vous ayez	aim é.
Qu'ils aient	aim é.

PLUS-QUE-PARFAIT.

Il fallait, il faudrait

Que j'eusse	aim é.
Que tu eusses	aim é.
Qu'il eût	aim é.
Que nous eussions	aim é.
Que vous eussiez	aim é.
Qu'ils eussent	aim é.

51e LEÇON

De l'article.

1. Si l'on se servait simplement du nom sans l'accompagner d'autres mots, on ne saurait, le plus souvent, quels en sont le genre et le nombre ni ce qu'il signifie exactement.

2. Aussi, le plus ordinairement, faisons-nous précéder le nom de l'un des mots *le, la, les*, selon qu'il est du masculin ou du féminin, du singulier ou du pluriel, et nous disons : le *père*, la *mère*, la *famille*, les *familles*...

3. Ces mots *le, la, les*, employés pour indiquer le genre et le nombre des noms et pour en préciser le sens, sont ce qu'on appelle en français l'ARTICLE.

4. Il arrive fréquemment que l'article se combine avec *à* ou *de* pour ne former qu'un seul mot. Ainsi, au lieu de dire : L'amour *de le* travail mène *à le* succès; la pratique *de les* commandements de Dieu procure la paix *à les* familles, on dit : *L'amour* du *travail mène* au *succès; la pratique* des *commandements de Dieu procure la paix* aux *familles.*

On emploie *du* pour *de le; des* pour *de les; au* pour *à le; aux* pour *à les.*

5. Ces mots *du, des, au, aux* sont appelés article contracté ou composé.

52e LEÇON

Article simple.

L'article est un mot qui se met devant un nom pour en faire connaître le genre et le nombre.

1. *Les* arbres fruitiers cultivés dans *les* provinces *du* centre de *la* France sont principalement *le* pommier, *le* poirier, *le* prunier, *le* châtaignier, *le* marronnier, *le* noyer, *le* pêcher, *l'*abricotier, *le* cerisier, *l'*amandier, *le* coignassier...

2. On y trouve aussi en abondance *la* vigne, *le* noisetier, *le* groseillier.

3. A mesure qu'on avance vers *le* midi, on rencontre *le* mûrier, *l'*olivier, *le* figuier, *le* grenadier, *le* palmier, *le* jujubier, *le* citronnier, *l'*oranger, *le* grenadier...

4. Il est plusieurs arbres que l'on ne cultive que pour *le* bois, *l'*ombrage ou *l'*agrément qu'ils procurent; tels sont *le* chêne, *le* frêne, *l'*orme, *le* platane, *le* sapin, *le* pin, *le* tilleul, *le* bouleau, *l'*acacia, *le* peuplier, *le* sycomore, *le* saule, *le* cyprès, *le* hêtre, *le* laurier...

53ᵉ LEÇON

Article simple et article contracté.

L'article simple n'est autre que *le, la, les,* employés pour faire connaître le genre et le nombre du nom.

L'article contracté, c'est l'article simple combiné avec *de* ou *à* et formant l'un des mots *du, des, au, aux.*

1. *Les* principales fleurs de nos jardins ou de nos champs sont *la* rose, *le* lis, *la* tulipe, *la* pensée, *la* violette, *le* pavot, *la* pâquerette, *le* souci, *la* marguerite, *le* jasmin, *l'*œillet, *la* balsamine, *le* lilas, *la* giroflée, *la* véronique, *le* muguet, *le* dahlia, *l'*anémone, *la* jacinthe, *la* renoncule, *la* jonquille, *le* bluet, *l'*immortelle...

2. *La* médecine tire parti de *la* plupart DES herbes et DES plantes, et entre autres de *la* mauve, de *la* guimauve, de *la* chicorée, DU persil, DU chiendent, DU fumeterre, de *la* menthe, DU cerfeuil, DU baume, de *l'*absinthe, DU genévrier, DU cresson, de *la* mélisse, de *la* réglisse.

3. Elle fait aussi usage de *l'*ortie, de *la* fougère, DU genêt, DU céleri, de *la* garance, de *la* mousse, DU thym, DU serpolet, DU lierre, DU plantain.

4. Que *la* jouissance de ces fleurs, de ces herbes et de ces plantes salutaires nous porte à *la* reconnaissance envers Dieu, qui les a créées pour nous.

54ᵉ LEÇON
Article simple et article contracté.

L'article simple n'est autre que *le*, *la*, *les*, employés pour faire connaître le genre et le nombre du nom.

L'article contracté, c'est l'article simple combiné avec *de* ou *à* et formant l'un des mots *du*, *des*, *au*, *aux*.

1. *L'*homme est vraiment *le* roi de *la* création. Il jouit DES clartés et DES feux DU soleil, ainsi que de *la* douce lumière de *la* lune et DES étoiles. Il habite dans *l'*air même qu'il doit respirer.

2. Il a pour s'habiller *la* laine, *le* lin, *le* chanvre, *le* coton, *la* soie, *le* poil et *la* peau d'un certain nombre d'animaux.

3. Pour se nourrir, il peut faire usage DES céréales, DES fruits, DES légumes, DES plantes potagères; de *la* chair DU bœuf, de *la* vache, DU mouton, de *la* chèvre, DU cerf, de *la* biche.

4. Il a encore pour aliments *les* œufs de *la* poule, de *la* cane, de *la* dinde, et pour assaisonnement *le* sel, *le* beurre, *l'*huile, *les* épices.

5. *Les* fleurs réjouissent son œil et lui servent de médicament dans LA plupart de ses maladies. *La* mer, *les* fleuves, *les* rivières, *les* étangs lui paient leur tribut par *les* nombreux poissons qu'ils fournissent à sa table.

6. Comment donc ne serait-il pas reconnaissant envers *la* Providence, de laquelle il a reçu non-seulement ce qui lui est indispensable, mais encore tout ce qui peut embellir son existence?

55ᵉ LEÇON
Exercice correspondant à la 11ᵉ composition.

Les élèves copieront, pour DEVOIRS ÉCRITS, *les modes et les temps ci-après du verbe* finir :

MODE INFINITIF.	PASSÉ.
	Avoir fin i, ayant fin i.
PRÉSENT.	PARTICIPE PRÉSENT.
Fin ir.	Fin issant.

E. — 2

PARTICIPE PASSÉ.

Fin i, fin ie.

MODE INDICATIF.

PRÉSENT.

Je	fin is.
Tu	fin is.
Il	fin it.
Nous	fin issons.
Vous	fin issez.
Ils	fin issent.

IMPARFAIT.

Je	fin issais.
Tu	fin issais.
Il	fin issait.
Nous	fin issions.
Vous	fin issiez.
Ils	fin issaient.

PASSÉ DÉTERMINÉ.

Je	fin is.
Tu	fin is.
Il	fin it.
Nous	fin îmes.
Vous	fin îtes.
Ils	fin irent.

PASSÉ INDÉTERMINÉ.

J'ai	fin i.
Tu as	fin i.
Il a	fin i.
Nous avons	fin i.

Vous avez	fin i.
Ils ont	fin i.

PASSÉ ANTÉRIEUR.

J'eus	fin i.
Tu eus	fin i.
Il eut	fin i.
Nous eûmes	fin i.
Vous eûtes	fin i.
Ils eurent	fin i.

PLUS-QUE-PARFAIT.

J'avais	fin i.
Tu avais	fin i.
Il avait	fin i.
Nous avions	fin i.
Vous aviez	fin i.
Ils avaient	fin i.

FUTUR SIMPLE.

Je	fin irai.
Tu	fin iras.
Il	fin ira.
Nous	fin irons.
Vous	fin irez.
Ils	fin iront.

FUTUR ANTÉRIEUR.

J'aurai	fin i.
Tu auras	fin i.
Il aura	fin i.
Nous aurons	fin i.
Vous aurez	fin i.
Ils auront	fin i.

56° LEÇON

De l'adjectif.

1. Il arrive souvent qu'en parlant des personnes, ou des choses, on joint au nom qui les désigne un ou plusieurs mots exprimant leurs qualités. Ainsi pour faire connaître qu'on a bonne opinion de quelqu'un, on dit : Cet homme est *bienfaisant, généreux, dévoué...*. On dirait également d'un fruit : Ce fruit est *sain, mûr, savoureux...*

2. Or ces mots que l'on joint au nom pour exprimer une qualité de l'être nommé sont des ADJECTIFS *qualificatifs*.

3. Souvent aussi, pour préciser la signification d'un nom, on joint à ce nom un mot qui y ajoute une idée de démonstration, de possession, de nombre... Ainsi l'on dira : *Cet* enfant, *cette* table ; *mon* chapeau, *votre* habit ; *un* franc *vingt* centimes. *Ce* balai de crin coûte *trois* francs.

4. Or ces mots qui ajoutent ainsi au nom une idée de désignation directe, de possession, de nombre... sont des ADJECTIFS *déterminatifs*.

5. On peut donc définir l'adjectif *un mot que l'on joint au nom pour le modifier, soit en le qualifiant, soit en le déterminant.*

57ᵉ LEÇON

De l'adjectif qualificatif.

L'adjectif qualificatif est celui qui exprime une qualité de l'être nommé.

1. L'argent est *blanc*, l'or est *jaune*, le fer est *gris*, le zinc est *bleuâtre*, l'encre est *noire*, la neige est *blanche*, l'herbe est *verte*, le sang est *rouge*, le buis est *vert*, le charbon est *noir*.

2. Le verre est *transparent*, les étoiles sont *brillantes*, le soleil est *lumineux*, le ciel est *bleu*, le plomb est *lourd*, l'acier est *cassant*, l'eau de source est *limpide*, le baume est *odorant*, l'airain est *sonore*, l'étain est *pliant*, le soufre est *inflammable*.

3. Le miel est *doux*, l'absinthe est *amère*, le pain est *nourrissant*, les pêches sont *savoureuses*, les fruits *verts* sont *âpres* et *malsains*.

4. La nuit est *fraîche* en automne. En hiver, les jours sont *courts*, les nuits sont *longues* et *froides*, les arbres sont *dépouillés*, les champs sont *déserts* ; la nature se repose en attendant les *beaux* jours du printemps.

5. Attendons avec patience et travaillons à mériter

ce printemps *éternel* qui doit être la récompense de vertu.

58ᵉ LEÇON

Des adjectifs qualificatifs et des adjectifs déterminatifs.

L'adjectif qualificatif est celui qui exprime une qualité de l'être nommé.
L'adjectif déterminatif est celui qui ajoute au nom une idée de démonstration, de possession, de nombre...

1. L'enfant bien *élevé* est *honnête,* *respectueux,* *docile, obéissant, serviable, humain, sincère, franc, fidèle* à remplir SES devoirs envers Dieu, envers SES parents, envers SES maîtres. Il est *assidu* à la classe, *courageux* au travail, *ardent* à l'étude, *soigneux* dans la tenue de SES livres et de SES cahiers.

2. Aussi est-il la consolation de SON père et de SA mère, UN sujet d'émulation pour SES condisciples et de bien *douce* satisfaction pour SES maîtres.

3. L'enfant mal *élevé* est *malhonnête, irrespectueux, égoïste, entêté, désobéissant, dur, cruel, menteur, dissimulé, négligent, oublieux* de SES devoirs, *inattentif* aux leçons, peu *appliqué* aux exercices de classe.

4. Aussi il n'est *aimé* de personne. Il est UN sujet de honte et d'*amère* douleur pour SES parents, de peine et de désagrément pour SES maîtres, de scandale pour SES condisciples.

5. MES *chers* amis, montrez en TOUTE occasion et par TOUTE VOTRE conduite que vous êtes du nombre des enfants bien *élevés*.

59ᵉ LEÇON

Des adjectifs qualificatifs et des adjectifs déterminatifs.

L'adjectif qualificatif est celui qui exprime une qualité de l'être nommé.
L'adjectif déterminatif est celui qui ajoute au nom une idée de démonstration, de possession, de nombre...

1. On estime UN ouvrier *intelligent, instruit, soi-*

gneux, *économe*, *laborieux*, *assidu* au travail, *probe*, *honnête*, *respectueux* envers SES chefs, *complaisant*, *serviable* envers SES confrères, et qui se montre constamment *bon* père, *bon* époux, *bon* voisin, *fidèle*, en UN mot, à TOUS SES devoirs.

2. Au contraire, l'ouvrier *négligent*, *paresseux*, peu *réglé* dans SA conduite, *querelleur*, *suffisant*, *égoïste*, n'est *estimé* de personne. Aussi l'atelier et la boutique sont très-souvent *fermés* pour lui, tandis qu'ils sont *ouverts* pour d'autres.

3. Bientôt il se voit *misérable*, *pauvre*, *nécessiteux*, et si alors il réfléchit sur ce qu'a été SA vie, il est *obligé* de convenir qu'il a été le *propre* artisan de SON malheur et de celui de SA famille.

4. MON *cher* enfant, ne contractez que de *bonnes* habitudes, autrement vous seriez à VOUS-MÊME VOTRE plus *cruel* ennemi.

60e LEÇON

Exercice correspondant à la 12e composition

Les élèves copieront, pour DEVOIRS ÉCRITS, *les modes et les temps ci-après du verbe* finir :

MODE CONDITIONNEL.		
PRÉSENT OU FUTUR.		
Je	fin	irais.
Tu	fin	irais.
Il	fin	irait.
Nous	fin	irions.
Vous	fin	iriez.
Ils	fin	iraient.
PASSÉ.		
J'aurais	fin	i.
Tu aurais	fin	i.
Il aurait	fin	i.
Nous aurions	fin	i.
Vous auriez	fin	i.
Ils auraient	fin	i.
SECOND PASSÉ.		
J'eusse	fin	i.
Tu eusses	fin	i.

Il eût	fin	i.
Nous eussions	fin	i.
Vous eussiez	fin	i.
Ils eussent	fin	i.
MODE IMPÉRATIF.		
PRÉSENT OU FUTUR.		
Fin is.		
Fin issons.		
Fin issez.		
FUTUR ANTÉRIEUR.		
Aie	fin	i.
Ayons	fin	i.
Ayez	fin	i.
MODE SUBJONCTIF.		
PRÉSENT OU FUTUR.		
Que je	fin	isse.
Que tu	fin	isses.

Qu'il	fin isse.		Que tu aies	fin i.
Que nous	fin issions.		Qu'il ait	fin i.
Que vous	fin issiez.		Que nous ayons	fin i.
Qu'ils	fin issent.		Que vous ayez	fin i
			Qu'ils aient	fin i.

IMPARFAIT.

Que je	fin isse.
Que tu	fin isses.
Qu'il	fin ît.
Que nous	fin issions.
Que vous	fin issiez.
Qu'ils	fin issent.

PLUS-QUE-PARFAIT.

Que j'eusse	fin i.
Que tu eusses	fin i.
Qu'il eût	fin i.
Que nous eussions	fin i.
Que vous eussiez	fin i.
Qu'ils eussent	fin i.

PASSÉ.

Que j'aie   fin i.

61e LEÇON

Féminin des adjectifs.

L'adjectif prend le genre et le nombre du nom auquel il se rapporte.

La règle-générale pour former le féminin dans les adjectifs, c'est d'ajouter un e muet au masculin.

1. Le salon est *parqueté;* la salle est PARQUETÉE. Le couloir est *peint;* l'alcôve est PEINTE. Le poêle est *ardent;* la bûche est ARDENTE. Le Rhône est *profond;* la Seine est PROFONDE.

2. Mon frère *aîné* est *sorti;* ma sœur AÎNÉE est SORTIE. Mon cousin Louis est très-*prudent;* ma cousine Louise est très-PRUDENTE. Le lait *pur* est *sain* et *nourrissant;* l'huile d'olive, lorsqu'elle est PURE, est SAINE et NOURRISSANTE. Le *meilleur* vin n'est pas toujours le plus *apprécié;* la MEILLEURE bière n'est pas toujours la plus APPRÉCIÉE.

3. L'an *prochain*, mon aïeul sera *âgé* de soixante-dix ans. L'année PROCHAINE, mon aïeule sera AGÉE de soixante-dix ans. Alexandre est *instruit, discret, réservé, assidu, persévérant;* Hélène est INSTRUITE, DISCRÈTE, RÉSERVÉE, ASSIDUE, PERSÉVÉRANTE.

4. Dans la jeunesse, on est naturellement *ardent, empressé, entreprenant.* La jeunesse est naturellement ARDENTE, EMPRESSÉE, ENTREPRENANTE : HEUREUSE si elle travaille sur elle-même pour se corriger de ses défauts et acquérir la vertu!

62ᵉ LEÇON

Féminin des adjectifs.

La règle générale pour former le féminin dans les adjectifs, c'est d'ajouter un e muet au masculin.

L'adjectif terminé par un e muet au masculin ne change pas au féminin.

1. Un caractère *inconstant, vacillant, changeant,* est *incapable* de mener à *bon* terme le projet même le mieux *conçu.* Une volonté INCONSTANTE, VACILLANTE, CHANGEANTE, est INCAPABLE de mener à BONNE fin l'entreprise même la mieux CONÇUE.

2. Un discours *malin, hypocrite, inspiré* par la ruse, fait tôt ou tard le déshonneur de celui qui l'a prononcé. Une parole MALIGNE, HYPOCRITE, INSPIRÉE par la ruse, fait tôt ou tard le déshonneur de celui qui l'a prononcée.

3. Le cœur du paresseux est un champ *désert, inculte, stérile;* l'âme du paresseux est une terre DÉSERTE, INCULTE, STÉRILE.

4. L'âme PURE, INNOCENTE, FIDÈLE à ses obligations, APPLIQUÉE au travail, DÉSIREUSE de plaire à Dieu, est AIMÉE de ce *souverain* Maître. Elle est HEUREUSE, tandis que l'âme CRIMINELLE est constamment INQUIÈTE, TROUBLÉE, TOURMENTÉE par le remords, SAISIE de crainte à la pensée de la DIVINE justice.

63ᵉ LEÇON

Féminin des adjectifs.

La règle générale pour former le féminin dans les adjectifs, c'est d'ajouter un e muet au masculin.

Les adjectifs terminés en *eux* au masculin changent l'x en avant de prendre l'e muet.

1. Mon père est *tendre, dévoué, affectueux* pour moi; aussi je l'aime de l'amour le plus *vrai,* le plus *cordial* et le plus *constant.* Ma mère est TENDRE, DÉVOUÉE, AFFECTUEUSE pour moi; aussi je l'aime de

l'affection la plus VRAIE, la plus CORDIALE, la plus CONSTANTE.

2. Une santé FLORISSANTE n'est point UNE garantie de LONGUE vie; et TELLE personne qui est aujourd'hui bien PORTANTE peut demain être ÉTENDUE sur sa couche FUNÈBRE : la mort est très-souvent IMPRÉVUE, SUBITE, FOUDROYANTE.

3. Combien est VIVE la joie du nautonier dont la FRAGILE embarcation, après avoir traversé la mer ordinairement si AGITÉE, si CAPRICIEUSE et si TERRIBLE dans les jours de tempête, découvre enfin le port qui doit être le terme de sa navigation PÉRILLEUSE : QUELLE sera donc la joie de l'âme JUSTE quand, terminant sa LABORIEUSE carrière d'ici-bas, elle verra s'ouvrir devant elle le port de la patrie CÉLESTE !

64ᵉ LEÇON

Féminin des adjectifs.

La règle générale pour former le féminin dans les adjectifs est d'ajouter un e muet au masculin.

Les adjectifs terminés au masculin par *as, el, eil, en, on,* doublent la dernière consonne avant de prende l'e muet.

Les adjectifs terminés par *f* changent au féminin cette consonne en **v**.

1. Notre corps est *mortel;* notre âme est IMMORTELLE. La sagesse est plus PRÉCIEUSE que l'or. La VRAIE vertu est DOUCE, SERVIABLE, POLIE, EMPRESSÉE à faire plaisir. L'histoire SAINTE est INSTRUCTIVE et REMPLIE de récits *édifiants*, d'exemples *frappants*, de vérités CONSOLANTES.

2. La lèpre est UNE maladie AFFREUSE, CONTAGIEUSE, presque INGUÉRISSABLE. Elle était autrefois très-COMMUNE; aujourd'hui elle est RARE dans nos climats.

3. UNE éducation CHRÉTIENNE est UNE INAPPRÉCIABLE richesse. Plus la vanité est GRANDE, plus l'humiliation est AMÈRE. La violette est UNE PETITE fleur PRINTANIÈRE, ODORANTE, GRACIEUSE, qui est l'emblème de la modestie.

4. Mon enfant, que votre conversation soit DOUCE,

FRANCHE, GRACIEUSE, RESPECTUEUSE, HONNÊTE, PROPRE à vous attirer l'estime de TOUTE personne bien PENSANTE.

5. La vie PRÉSENTE est UNE carrière PARSEMÉE de croix ; la vie FUTURE, RÉSERVÉE aux âmes VERTUEUSES, sera UNE félicité INFINIE.

65e LEÇON

Exercice correspondant à la 13e composition.

Les élèves copieront, pour DEVOIRS ÉCRITS, les modes et les temps ci-après du verbe recevoir :

MODE INFINITIF.

PRÉSENT.

Rec evoir.

PASSÉ.

Avoir reç u, ayant reç u.

PARTICIPE PRÉSENT.

Rec evant.

PARTICIPE PASSÉ.

Reç u, reç ue.

MODE INDICATIF.

PRÉSENT.

Je reç ois.
Tu reç ois.
Il reç oit.
Nous reç evons.
Vous rec evez.
Ils reç oivent.

IMPARFAIT.

Je rec evais.
Tu rec evais.
Il rec evait.
Nous rec evions.
Vous rec eviez.
Ils rec evaient.

PASSÉ DÉTERMINÉ.

Je reç us.
Tu reç us.

Il reç ut.
Nous reç ûmes.
Vous reç ûtes.
Ils reç urent.

PASSÉ INDÉTERMINÉ.

J'ai reç u.
Tu as reç u.
Il a reç u.
Nous avons reç u.
Vous avez reç u.
Ils ont reç u.

PASSÉ ANTÉRIEUR.

J'eus reç u.
Tu eus reç u.
Il eut reç u.
Nous eûmes reç u.
Vous eûtes reç u.
Ils eurent reç u.

PLUS-QUE-PARFAIT.

J'avais reç u.
Tu avais reç u.
Il avait reç u.
Nous avions reç u.
Vous aviez reç u.
Ils avaient reç u.

FUTUR SIMPLE.

Je rec evrai.
Tu rec evras.
Il rec evra.
Nous rec evrons.

Vous rec evrez.	Tu auras	reç u.
Ils rec evront.	Il aura	reç u.
	Nous aurons	reç u.
FUTUR ANTÉRIEUR.	Vous aurez	reç u
J'aurai reç u.	Ils auront	reç u.

66ᵉ LEÇON

Pluriel dans les adjectifs.

Le pluriel, dans la plupart des adjectifs, se forme, comme dans les noms, par l'addition de l's.
Les adjectifs terminés au singulier par *s, x, z,* ne changent pas au pluriel.

1. Les âmes peu *courageuses* croient *impossibles* des choses très-*faisables*. Nos *mauvaises* actions sont les fruits *amers* de nos *mauvaises* pensées. Les *petites* fautes en amènent de *grandes* à leur suite. Soyez *prompts* à reconnaître vos torts et à oublier ceux des autres.

2. Nos parents sont nos *meilleurs* et nos plus *tendres* amis. Les cœurs *reconnaissants* sont *estimés* des âmes même les plus *indifférentes* et les plus *ingrates*. Les *belles* actions *cachées* sont les plus *méritoires*, surtout lorsqu'elles procèdent de motifs *purs* et *désintéressés*.

3. Les paroles *douces* obtiennent plus que les procédés *violents*. Les hommes les plus *patients* sont aussi les plus *forts*, les plus *capables* des *grandes* et *difficiles* entreprises. Ce ne sont pas les sentiers *fleuris* qui mènent à la gloire. Les jours *donnés* à Dieu ne sont jamais *perdus*.

4. Que de personnes *mécontentes* de leur sort s'estimeraient *heureuses* si elles considéraient celles qui sont plus *éprouvées!*

5. L'orgueil rend les hommes *présomptueux, opiniâtres, fiers, insolents, susceptibles, querelleurs, violents, cruels, inhumains*. L'humilité, au contraire, les rends *modestes, complaisants, amis* de la paix, *doux, respectueux, serviables*.

67e LEÇON
Pluriel dans les adjectifs.

Lé pluriel, dans la plupart des adjectifs, se forme, comme dans les noms, par l'addition de l'**s**.

1. Vous serez bientôt, mes *chers* amis, dans l'âge de prendre un état, et de vous livrer à de *longs* et *pénibles* travaux pour subvenir à vos besoins et venir en aide à vos *bons* parents.

2. *Toutes* les professions sont *acceptables*, pourvu qu'elles soient *honnêtes* et *avouées* par la religion et les lois de l'État. Vous pouvez donc choisir entre celles qui sont les plus *conformes* à vos goûts et qui vous paraissent les plus *lucratives*.

3. Mais une fois que vous aurez embrassé une profession, il faut vous y tenir et en surmonter, à tout prix, les *premières* difficultés; car, ne l'oubliez pas, les âmes *inconstantes*, *volages*, *légères*, *mobiles* dans *leurs* desseins ne réussissent en rien, tandis qu'il en est tout autrement de celles qui sont *constantes*, *courageuses*, *égales*, *tenaces*, *persistantes* dans *leurs* moyens d'exécution.

4. Rendez-vous *capables* de suivre la carrière où vous êtes *appelés*, et devenez de plus en plus des *jeunes* gens *vertueux*, *instruits*, *honnêtes*, *laborieux*, *dignes* du nom de chrétiens que vous portiez, et tout *dévoués* au bien de la religion, de la patrie et de votre famille.

68e LEÇON
Pluriel dans les adjectifs.

Le pluriel dans les adjectifs se forme, comme dans les noms, par l'addition de l's.

1. *Placés* sur le beau monticule qui domine la plaine, nous pouvions contempler en quelque sorte l'abrégé des merveilles de la nature. Nous avions sous nos yeux de *riantes* prairies *sillonnées* par d'*innombrables* ruisseaux, des champs *fertiles couverts* de *riches* moissons, des vignes admirablement *entrete-nues*, des allées *sablées*, des haies *touffues* et *fleu-ries*.

2. Ici un berger était assis auprès d'un épais buis-son; là des chevaux, *libres* de tout frein, allaient et venaient; ailleurs des bœufs *attelés* à la charrue creu-saient de *pénibles* sillons.

3. Au loin nous découvrions un fleuve majestueux, de *vastes* forêts, des rochers *escarpés*, de très-*hautes* montagnes *couronnées* par des neiges *éternelles* et des glaciers, et sur les flancs desquelles se formaient de *sombres* nuages.

4. Notre regard se reposait avec délices sur les ha-meaux et les villages *épars* çà et là; et, à la vue des églises et des clochers *surmontés* de la croix, notre pensée s'élevait vers le souverain Maître, qui n'a fait ce monde si beau que pour nous être une image de la patrie céleste qu'il destine à ses *fidèles* serviteurs.

69ᵉ LEÇON

Pluriel dans les adjectifs.

Le pluriel dans les adjectifs se forme, comme dans les noms, par l'addition de l'**s**.

1. Lorsque l'on voit une maison bien tenue, on est porté naturellement à bien augurer des personnes qui l'habitent, à les considérer comme *économes*, *réglées*, *attentives* à tout, *soigneuses*, *amies* de l'ordre et de la propreté.

2. Pour qu'une maison soit bien tenue, il faut que *toutes* choses soient à leur place; que, dès l'entrée, on aperçoive les cours et les couloirs *dégagés* de tout ce qui pourrait être un obstacle à la libre circulation; que les murs soient *crépis*, les croisées *peintes*, les vitres *nettoyées*, les escaliers *lavés*, les chambres *ba-layées*, les meubles *époussetés*, les chaises et les fau-teuils convenablement *placés* et *distribués*.

3. Les vêtements, sans avoir rien d'affecté ou de recherché, doivent être *propres*, *lavés*, *brossés*, et au

besoin *réparés*. Le linge doit être fréquemment blanchi, et soigneusement plié et aéré.

4. Ce n'est pas assez, il faut que la propreté se manifeste surtout dans les personnes; que, par conséquent, les enfants soient *exacts* à se laver les mains et le visage *tous* les matins et, s'il en est besoin, plusieurs *autres* fois pendant le jour; qu'ils aient les cheveux *coupés* et *nettoyés*, ou, s'ils les conservent *longs*, qu'ils en aient un soin tout particulier.

5. La propreté est un principe de santé.

70ᵉ LEÇON

Exercice correspondant à la 14ᵉ composition.

Les élèves copieront, pour DEVOIRS ÉCRITS, *les modes et les temps ci-après du verbe* recevoir:

MODE CONDITIONNEL.

PRÉSENT OU FUTUR.

Je rec evrais.
Tu rec evrais.
Il rec evrait.
Nous rec evrions.
Vous rec evriez.
Ils rec evraient.

PASSÉ.

J'aurais reç u.
Tu aurais reç u.
Il aurait reç u.
Nous aurions reç u.
Vous auriez reç u.
Ils auraient reç u.

SECOND PASSÉ.

J'eusse reç u.
Tu eusses reç u.
Il eût. reç u.
Nous eussions reç u.
Vous eussiez reç u.
Ils eussent reç u.

MODE IMPÉRATIF.

PRÉSENT OU FUTUR.

Reç ois.
Rec evons.
Rec evez.

FUTUR ANTÉRIEUR.

Aie reç u.
Ayons reç u.
Ayez reç u.

MODE SUBJONCTIF.

PRÉSENT OU FUTUR.

Que je reç oive.
Que tu reç oives.
Qu'il reç oive.
Que nous rec evions.
Que vous rec eviez.
Qu'ils reç oivent.

IMPARFAIT.

Que je reç usse.
Que tu reç usses.
Qu'il reç ût.
Que nous reç ussions.
Que vous reç ussiez.
Qu'ils reç ussent.

PASSÉ.

Que j'aie reç u.
Que tu aies reç u.
Qu'il ait reç u.
Que nous ayons reç u.

Que vous ayez	reç u.	Que tu eusses	reç u.
Qu'ils aient	reç u.	Qu'il eût	reç u.
		Que nous eussions	reç n.
PLUS-QUE-PARFAIT.		Que vous eussiez	reç u.
Que j'eusse	reç u.	Qu'ils eussent	reç u.

71ᵉ LEÇON

Adjectifs déterminatifs.

Les adjectifs déterminatifs sont démonstratifs, possessifs, numéraux ou indéfinis, selon qu'ils ajoutent au nom une idée de démonstration, de possession, de nombre, ou de quantité indéfinie.

ÉTABLISSEMENT DE LA RELIGION CHRÉTIENNE.

1. Jésus-Christ est venu en *ce* monde pour sauver l'homme, établir *son* Église sainte, par laquelle *tous* les hommes peuvent s'appliquer les fruits de la rédemption qu'il a accomplie et opérer *leur* salut éternel.

2. Mais, comme il attaquait dans *leur* principe *même* les passions mauvaises, *son* œuvre rencontra la plus grande et la plus persistante opposition de la part de *toutes* les âmes esclaves de la cupidité, de l'orgueil et de la sensualité.

3. Les méchants se réunirent pour arrêter les progrès de l'Eglise et l'étouffer dès *son* berceau. Les prêtres des faux dieux et les empereurs romains suscitèrent ou décrétèrent contre elle les plus cruelles persécutions. *Une* innombrable multitude de chrétiens de *tout* âge et de *toute* condition furent arrêtés, jetés en prison, traînés devant les tribunaux, soumis à *toutes* les tortures et livrés à la mort.

4. *Leur* sang coula à flots pendant *trois* siècles; mais il ne fut qu'*une* semence de nouveaux chrétiens; l'Eglise ne cessa de se développer, et subjuguant peu à peu les peuples, elle arbora enfin, sur le Capitole *même*, la croix, *ce* glorieux étendard qu'elle avait reçu, sur le Calvaire, des mains de *son* divin Chef.

72ᵉ LEÇON

Du pronom.

1. Il serait désagréable et fastidieux pour celui qui parle et pour celui qui écoute, si, dans un discours ou une conversation, on répétait trop souvent le nom de la personne ou de la chose que l'on a en vue; si l'on disait, par exemple, JOSEPH *a bien étudié sa* LEÇON, JOSEPH *récitera couramment sa* LEÇON, *et* JOSEPH *recevra une récompense.*

2. Pour éviter cette répétition du nom JOSEPH, ainsi que du nom LEÇON, on substitue à ce nom un petit mot qui désigne le même être, et l'on dit : JOSEPH *a bien étudié sa leçon ;* IL LA *récitera couramment, et* IL *recevra une récompense.*

3. Ce mot *il* employé au lieu de *Joseph*, et ce mot *la* employé au lieu de leçon, sont ce qu'on appelle des PRONOMS.

4. Le pronom est donc un mot qui tient la place du nom, c'est-à-dire qui remplit dans la proposition la même fonction qu'y remplirait le nom lui-même.

73ᵉ LEÇON

Du pronom.

Le pronom est un mot que l'on emploie au lieu d'un nom.

1. Une mère aimante *se* fait volontiers l'ouvrière des vêtements de son fils. *Elle* n'a garde, à moins qu'*elle* ne puisse faire autrement, de laisser ce soin à des étrangers.

2. Le fils *qui* est l'objet d'une pareille attention *en* est tout heureux; l'habit *dont il* est revêtu *lui* est une marque toujours présente de la tendresse maternelle.

3. *Il* aime à *se* dire : Ce vêtement *que je* porte *me* vient de ma bonne mère. *Elle* n'a pas voulu qu'une autre main que *la sienne* s'employât à *le* confectionner. Aussi

lui en suis-*je* reconnaissant, et ferai-*je* en sorte que mon amour réponde *au sien,* et que mon dévouement pour *elle* soit en rapport avec *celui qu'elle* a pour *moi.*

4. La providence de Dieu n'est-*elle* pas cette mère *qui* fait son bonheur de travailler pour *nous?* N'est-*ce* pas *d'elle* que *nous* tenons tout *ce que nous* avons ? Pourquoi *chacun* ne *le* comprend-*il* pas, et ne *lui* paie-t-*il* pas le tribut de reconnaissance *auquel elle* a tous les droits?

74ᵉ LEÇON

Adjectifs déterminatifs et pronoms.

L'adjectif déterminatif ajoute au nom une idée de démonstration, de possession ou de nombre soit défini, soit indéfini.
Le pronom est un mot que l'on emploie au lieu d'un nom.

PUISSANCE LIMITÉE DE L'HOMME.

1. L'homme n'est pas créateur : IL ne peut, comme Dieu, commander au néant. IL ne fait *aucun* objet de RIEN : IL LUI faut la matière *première,* que LUI donne la nature; et presque toujours IL LUI faut aussi le concours des *autres* hommes.

2. Que *son* industrie est limitée ! Qu'est-CE que le parfum QU'IL compose, si ON LE compare à CELUI de la rose ou de l'œillet? *Quel* coloriste pourrait reproduire les couleurs de l'arc-en-ciel et les *mille* nuances QUE présentent soit les feuilles et les fleurs de *nos* champs, soit les pierres précieuses, soit les nuages QU'illumine le soleil couchant?

3. *Quelles* que soient les œuvres de l'homme, à *quelque* degré de perfection QU'ELLES atteignent, ELLES ne sont que de pâles imitations de la nature : aussi n'a-t-IL point sujet de s'enorgueillir, et doit-IL rendre *toute* gloire à l'auteur de la nature.

75ᵉ LEÇON

Exercice correspondant à la 15ᵉ composition.

Les élèves copieront, pour DEVOIRS ÉCRITS, *les modes et les temps ci-après du verbe* **rendre** :

MODE INFINITIF.

PRÉSENT.

Rend re.

PASSÉ.

Avoir rend u, ayant rend u.

PARTICIPE PRÉSENT.

Rend ant.

PARTICIPE PASSÉ.

Rend u, rend ue.

MODE INDICATIF.

PRÉSENT.

Je	rend s.
Tu	rend s.
Il	rend.
Nous	rend ons.
Vous	rend ez.
Ils	rend ent.

IMPARFAIT.

Je	rend ais.
Tu	rend ais.
Il	rend ait.
Nous	rend ions.
Vous	rend iez.
Ils	rend aient.

PASSÉ DÉTERMINÉ.

Je	rend is.
Tu	rend is.
Il	rend it.
Nous	rend îmes.
Vous	rend îtes.
Ils	rend irent.

PASSÉ INDÉTERMINÉ.

J'ai	rend u.
Tu as	rend u.
Il a	rend u.
Nous avons	rend u.
Vous avez	rend u.
Ils ont	rend u.

PASSÉ ANTÉRIEUR.

J'eus	rend u.
Tu eus	rend u.
Il eut	rend u.
Nous eûmes	rend u.
Vous eûtes	rend u.
Ils eurent	rend u.

PLUS-QUE-PARFAIT.

J'avais	rend u.
Tu avais	rend u.
Il avait	rend u.
Nous avions	rend u.
Vous aviez	rend u.
Ils avaient	rend u.

FUTUR SIMPLE.

Je	rend rai.
Tu	rend ras.
Il	rend ra.
Nous	rend rons.
Vous	rend rez.
Ils	rend ront.

FUTUR ANTÉRIEUR.

J'aurai	rend u.
Tu auras	rend u.
Il aura	rend u.
Nous aurons	rend u.
Vous aurez	rend u.
Ils auront	rend u.

76e LEÇON

Emploi des mots *ce, se, cet; cette, ces, ses, c'est.*

1. Si l'on remarque les défauts d'autrui, que *ce* soit pour n'y pas tomber soi-même. Qui *se* corrige de *ses* fautes *se* montre, par cela même, animé d'un grand courage. *Cet* enfant, qui travaille à réformer son caractère, est vraiment digne d'éloge.

2. *Ces* messieurs sont ceux qui *s'*étaient présentés hier pour nous faire leurs offres de services, offres nombreuses, mais que nous avons refusées parce qu'elles n'étaient pas conformes à nos intérêts.

3. *Se* louer de *ses* biens, de *ses* talents, de *ses* succès, *c'est se* conduire en insensé et *s'*attirer le mépris au lieu de l'estime.

4. *C'est* en *se* surmontant eux-mêmes que les saints *se* sont rendus si admirables. *Se* taire est parfois difficile; mais *c'est* pour l'ordinaire très-prudent : on *se* repend rarement d'avoir gardé le silence.

5. Un élève qui *sait* bien *ses* leçons, *se* voit estimé de *ses* maîtres et de *ses* condisciples. *Ce* n'est pas celui qui *se* vante le plus qui est le plus courageux, le plus hardi : *c'est* par *ses* œuvres et non par *ses* paroles qu'on doit juger d'un homme.

77e LEÇON

Emploi des mots *ce, se, cet, cette, ces, ses, c'est.*

1. Défiez-vous de *ce* que vous dit *cet* ami qui vous flatte. En réalité *ce* n'est pas votre ami : *ce* n'est qu'un traître, toutes *ses* paroles vous sont un piége.

2. Il *s'*est présenté deux étrangers : *c'est* à moi qu'ils *se* sont adressés, et *c'est* dans *cet* appartement que je les ai introduits.

3. Anatole, vos condisciples *se* plaignent de votre manque d'égards, de *cette* manière de parler qui semble hautaine, de *ce* sans-façon qui est si gênant pour au-

trui, de *cet* éloignement de tels et tels élèves que vous paraissez mépriser, de *cet* orgueil, en un mot, qu'on vous a si souvent reproché.

4. A l'aspect du cimetière, de *ce* champ du silence, l'esprit *se* sent porté à la réflexion; et à la vue d'un superbe mausolée, il *se* dit : Qu'est devenu *ce* riche de la terre à qui on a élevé *ce* monument? *Ses* restes sont là, sous *ce* marbre, au fond de *cette* fosse, dans *cet* étroit cercueil, où ils *se* décomposent. Or, en quoi diffèrent-ils de ceux de *ce* pauvre, de *cet* indigent qui, nouveau Lazare, *se* tenait à sa porte pour demander l'aumône?...

5. Oui, *c'est* ici la terre de l'égalité. Après la mort, les hommes ne sont vraiment distingués que par les mérites qu'ils *se* sont acquis aux yeux de Dieu.

78ᵉ LEÇON

Emploi des mots *ce, se, cet, cette, ces, ses, c'est*.

1. *Cet* été a été brûlant, *cet* automne sera sans doute très-pluvieux. Que sera, *se* dit-on, *cette* nouvelle année? A *cette* demande, on répond : Nul ne le sait. *C'est* le secret de Dieu, qui seul connaît l'avenir.

2. Malgré les persécutions l'Eglise *s'est* établie; elle *s'est* soutenue, elle *s'est* répandue dans tout *cet* univers : ah! *c'est* qu'elle est assistée et défendue par Dieu même et *ses* anges.

3. Le sage *s'*applique à régler *ses* désirs, *ses* goûts, *ses* travaux, *ses* récréations, *ses* affections, ou plutôt toute sa vie sur la loi du Seigneur.

4. *C'est* être sans raison que de ne pas *se* rendre au cri de la conscience, à *ce* langage qui *se* fait entendre au fond de notre cœur, à *cette* voix qui nous dit : *C'est* mal que de te comporter comme tu fais.

5. Arthur *se* rend de plus en plus fidèle à *ses* devoirs envers *ses* parents et *ses* maîtres; *cet* élève *s'est* montré digne des soins dont il est l'objet : il *sait* *ce* que *c'est* qu'un enfant bien élevé.

79ᵉ LEÇON

Emploi des mots *ce*, *se*, *cet*, *cette*, *ces*, *ses*, *c'est*.

1. Il faut *s'entr'aider*, *c'est* la loi de la nature, *c'est* plus encore la loi chrétienne. Non, *ce* ne serait pas connaître l'Évangile, *cette* divine morale toute de charité, *cet* ensemble des maximes du Dieu qui *s'est* fait victime, que de ne pas *s'aider*, *s'assister*, *se* consoler, *se* secourir mutuellement.

2. *Ce* qui me plaît dans Alphonse, *c'est cet* air ingénu, *cette* parole naïve, *ce* regard serein qui révèlent une âme innocente et simple. *Cet* élève, s'il *se* conserve pur, sera l'honneur et la joie de *ses* parents.

3. *C'est se* charger des plus honteuses chaînes que *se* rendre l'esclave de *ses* passions ; *c'est* pourquoi il faut les combattre avec courage et sans *se* lasser jusqu'à *ce* qu'on *se* les ait assujetties.

4. Mon fils, retenez *ce* proverbe ou *cet* adage : « Rien n'est glorieux comme de *se* vaincre soi-même et de triompher de *ses* penchants. » *Cette* victoire n'est remportée que par les âmes d'élite.

80ᵉ LEÇON

Exercice correspondant à la 16ᵉ composition.

Les élèves copieront, pour DEVOIRS ÉCRITS, *les modes et les temps ci-après du verbe* rendre :

MODE CONDITIONNEL.

PRÉSENT OU FUTUR.

Je rend rais.
Tu rend rais.
Il rend rait.
Nous rend rions.
Vous rend riez.
Ils rend raient.

PASSÉ.

J'aurais rend u.
Tu aurais rend u.
Il aurait rend u.
Nous aurions rend u.
Vous auriez rend u.
Ils auraient rend u.

SECOND PASSÉ.

J'eusse rend u.
Tu eusses rend u.
Il eût rend u.
Nous eussions rend u.
Vous eussiez rend u.
Ils eussent rend u.

MODE IMPÉRATIF.

PRÉSENT OU FUTUR.

Rend s.
Rend ons.
Rend ez.

FUTUR ANTÉRIEUR.

Aie   rend u.
Ayons   rend u.
Ayez   rend u.

MODE SUBJONCTIF.

PRÉSENT OU FUTUR.

Que je   rend e.
Que tu   rend es.
Qu'il   rend e
Que nous   rend ions.
Que vous   rend iez.
Qu'ils   rend ent.

IMPARFAIT.

Que je   rend isse.

Que tu   rend isses.
Qu'il   rend ît.
Que nous   rend issions.
Que vous   rend issiez.
Qu'ils   rend issent.

PASSÉ.

Que j'aie   rend u.
Que tu aies.   rend u.
Qu'il ait   rend u.
Que nous ayons   rend u.
Que vous ayez   rend u.
Qu'ils aient   rend u.

PLUS-QUE-PARFAIT.

Que j'eusse   rend u.
Que tu eusses   rend u.
Qu'il eût   rend u.
Que nous eussions   rend u.
Que vous eussiez   rend u.
Qu'ils eussent   rend u.

81e LEÇON

Du verbe.

1. Si je dis : Dieu *est*, j'affirme que Dieu existe; ce mot *est* exprime donc ici l'existence de Dieu.

2. Si je dis : Arthur et Joseph *sont* obéissants, j'affirme que tous les deux existent et que la qualité *d'obéissants* leur convient; le mot *sont* indique donc ici l'existence des personnes dont je parle et leur liaison avec la qualité qu'on leur attribue.

3. Si je dis : Paul *étudie*, j'affirme indirectement que Paul existe, et directement qu'il fait l'action d'étudier : ce mot *étudie* indique donc ici l'existence, et plus particulièrement l'action de celui de qui je parle.

4. Or ces mots *est*, *sont*, *étudie*... sont appelés VERBES.

5. On peut donc définir le verbe : *un mot exprimant l'existence, l'action ou l'état d'une personne ou d'une chose, ainsi que sa liaison avec une qualité qu'on lui attribue.*

82ᵉ LEÇON

Du verbe.

Le verbe est un mot qui exprime l'existence, l'action ou l'état d'une personne ou d'une chose.

1. Je *suis*, j'*existe;* mais il y a un certain nombre d'années, je n'*étais* pas, je n'*existais* pas. *C'est* Dieu qui m'*a donné* l'être ou l'existence. Ce n'*est* que par lui que toutes choses *subsistent.* S'il *retirait* de nous son bras, nous *tomberions* à l'instant même dans le néant.

2. Je *suis* une créature qui *est* et qui *sera* toujours redevable à son auteur de tout ce qu'elle *est* et de tout ce qu'elle *a.*

3. Si, dans ce moment, je *respire*, je *vois*, je *pense*, je *parle*, c'est ce souverain Maître qui en *est* la cause première.

4. Que les anges et les hommes le *louent*, le *bénissent* et le *glorifient* pour ses innombrables bienfaits, et que mon cœur reconnaissant ne *cesse* de l'*aimer* de plus en plus.

5. Je *suis* attentif à la leçon. Tu *es* appliqué à l'étude. Arthur *est* soigneux de ses cahiers. Nous *sommes* attentifs à la leçon. Vous *êtes* appliqués à l'étude. Casimir et Édouard *sont* soigneux de leurs cahiers.

83ᵉ LEÇON

Du verbe.

Le verbe est un mot qui exprime l'existence, l'action ou l'état d'une personne ou d'une chose.

1. La loi divine nous *ordonne* d'*avoir* de la charité pour le prochain, de l'*aimer*, de l'*assister*, de l'*aider*, comme nous *désirons* qu'on nous *aime*, qu'on nous *assiste*, qu'on nous *aide.*

2. Mon cher enfant, *aimez, honorez, respectez* votre

père et votre mère ; *obéissez* - leur avec joie ; *soyez* docile à leurs conseils ; *travaillez* selon leurs désirs ; *procurez* - leur les satisfactions qu'ils *attendent* de vous ; *priez* pour eux.

3. *N'oubliez* point qu'ils *sont* les représentants de Dieu à votre égard ; que si vous *êtes* bon fils vous *serez* heureux déjà dès cette vie, selon cette parole du Seigneur : « *Honorez* votre père et votre mère, afin que vous *viviez* longtemps sur la terre. »

4. J'*ai* un cahier neuf. Tu *as* un porteplume noir. Joseph *a* un livre relié. Nous *avons* des cahiers neufs. Vous *avez* des porteplumes noirs. Alphonse et Frédéric *ont* des livres reliés.

84ᶜ LEÇON

Du verbe.

Le verbe est un mot qui exprime l'existence, l'action ou l'état d'une personne ou d'une chose.

1. Que d'actions *sont* en mon pouvoir, à cause des facultés que Dieu m'a *données* et des instruments dont je *dispose !* Je *puis penser, réfléchir, juger, raisonner, affirmer, douter, nier, choisir, rejeter, aimer, vouloir, désirer*.

2. Je *puis voir, considérer, parler, interroger, répondre, réciter, chanter, crier, fredonner. Je puis lire, étudier, écrire, copier, dessiner*.

3. Je *puis marcher, courir, sauter, sautiller, aller* et *venir, monter* et *descendre, avancer* et *reculer, hâter* le pas et le *ralentir*.

4. Je *puis ouvrir* les yeux et les *fermer, tendre* la main et la *retirer, m'asseoir* et me *lever, me pencher* et me *redresser*.

5. Je *puis travailler* pour mon instruction et mon éducation, et *c'est* ce que je *veux faire* avec toute l'application dont je *suis* capable.

85e LEÇON

Exercice correspondant à la 17e composition.

Les élèves copieront, pour DEVOIRS ÉCRITS, *le texte ci-après :*

LA CIGALE ET LA FOURMI.

La cigale ayant chanté
    Tout l'été,
Se trouva fort dépourvue
Quand la bise fut venue ;
Pas un seul petit morceau
De mouche ou de vermisseau.
Elle alla crier famine
Chez la fourmi sa voisine ,
La priant de lui prêter
Quelques grains , pour subsister
Jusqu'à la saison nouvelle.
« Je vous paierai, lui dit-elle,
Avant l'août , foi d'animal ,
Intérêt et principal. »
La fourmi n'est pas prêteuse :
C'est là son moindre défaut.
« Que faisiez-vous au temps chaud ,
Dit-elle à cette emprunteuse.
— Nuit et jour, à tout venant ,
Je chantais, ne vous déplaise.
— Vous chantiez ! J'en suis fort aise
Eh bien ! dansez maintenant. » LA FONTAINE.

La cigale avait eu tort de ne rien amasser pour l'hiver ; mais la fourmi a tort aussi de lui répondre si durement, et de ne pas l'assister selon qu'elle le pouvait.

86ᵉ LEÇON

Du verbe.

Le verbe est un mot qui exprime l'existence, l'action ou l'état d'une personne ou d'une chose.

1. Je *crois* en Dieu, j'*espère* en lui, je l'*adore* et je l'*aime* de tout mon cœur.

2. J'*aime*, je *respecte*, j'*honore*, je *chéris* mes parents, et je *fais* avec empressement et bonheur tout ce qu'ils *veulent* ou *désirent* de moi.

3. Je *souhaite*, je *désire*, je *veux être* heureux ; mais je *comprends* que je ne le *serai* que si je m'*acquitte* de ce que je *dois* à Dieu, à l'Eglise, à la société, à la famille.

4. Si tu t'*exerces* au travail dans ta jeunesse, si tu *contractes* de louables habitudes, si tu *es* pieux, réglé, obéissant, tu *suivras* sans difficulté la voie du bien dans l'âge mûr et la vieillesse.

5. Si, au contraire, tu *négliges* tes devoirs, si tu *fréquentes* des enfants pervertis, si tu *suis* leurs perfides conseils, si tu *abandonnes* les pratiques religieuses, il te *sera* comme impossible de *revenir* au bien et d'*accomplir* l'œuvre pour laquelle tu *es* en ce monde.

87ᵉ LEÇON

Du verbe.

Le verbe est un mot qui exprime l'existence, l'action ou l'état d'une personne ou d'une chose.

1. Le ciel se *couvre* de nuages. Le vent s'*élève* et *agite* les feuilles des arbres. Les oiseaux effrayés *rentrent* dans leur nid, ou *cherchent* quelque autre abri plus sûr.

2. Un éclair *brille* à l'horizon. On *entend* un murmure lointain. Bientôt les éclairs se *multiplient*, le

E. — 2*

bruit *approche*, des coups de tonnerre *retentissent* et *ébranlent* le sol.

3. La pluie *tombe* d'abord par gouttes, puis par torrents. L'eau *remplit* le lit des ruisseaux, s'*étend* dans les prairies, *pénètre* jusqu'aux habitations riveraines et *menace* de tout envahir.

4. Chacun *est saisi* de crainte, et *appréhende* une grande inondation; mais peu à peu le ciel *devient* moins sombre, les coups de tonnerre *sont* moins fréquents; la lumière du jour *reparaît*, l'orage s'*éloigne*; les cours d'eau débordés *rentrent* dans leur lit; et les âmes pieuses *bénissent* la Providence de ce qu'elle les *a préservées* d'un fléau qui *est* toujours si redoutable et parfois si désastreux.

88ᵉ LEÇON

Du verbe.

Le verbe est un mot qui exprime l'existence, l'action ou l'état d'une personne ou d'une chose.

1. On *connaît* l'arbre à ses fruits, et l'homme à ses œuvres. Tout arbre qui ne *porte* pas de bons fruits *sera coupé* et *jeté* au feu. Dieu *rejettera* quiconque *aura été* à son égard un serviteur inutile.

2. La vérité *sera* toujours sur mes lèvres; jamais je ne me *permettrai* le mensonge, la dissimulation, les réticences, les détours.

3. Confiance en Dieu! S'il *prend* tant de soin du lis des champs, qui n'*est* qu'une plante destinée au feu, quelles ne *sont* pas ses attentions pour l'homme, qu'il *a créé* à son image et qu'il *veut rendre* participant de son propre bonheur!

4. *Recourons* à lui comme au plus tendre des pères, et *demandons*-lui sa grâce.

5. Si nos corps *ont* le froment des vallées pour nourriture et l'eau des fontaines pour breuvage, nos âmes *ont* la lumière et l'onction de la grâce pour *rassasier* leur faim et *étancher* leur soif.

89ᵉ LEÇON

Du verbe.

Le verbe est un mot qui exprime l'existence, l'action ou l'état d'une personne ou d'une chose.

LA FIN DES CHOSES.

1. Toutes les créatures de l'univers *ont* leur défaillance : l'herbe *pousse*, puis elle se *flétrit;* la fleur *s'épanouit*, puis elle se *fane* et se *dessèche;* l'arbre *grandit*, *résiste* quelque temps aux éléments de destruction, mais enfin il *cède* et *tombe* en poussière.

2. Que de poissons de la mer ou des fleuves, que d'oiseaux du ciel, que d'insectes de l'air, que d'animaux de la terre, que d'hommes *ont péri* depuis la création !

3. *Viendra* un jour où l'univers *subira* sa défaillance suprême. Le soleil *s'obscurcira*, la lune ne *donnera* plus sa lumière, le firmament *disparaîtra* comme une tente dressée pour la nuit et qu'on *replie* le matin.

4. Il n'y *aura* plus de temps : ce *sera* le règne de l'éternité.

90ᵉ LEÇON

Exercice correspondant à la 18ᵉ composition.

Les élèves copieront, pour DEVOIRS ÉCRITS, *le texte ci-après :*

LA CIGALE, LA FOURMI ET LA COLOMBE.

« Eh bien ! dansez maintenant ! »
A dit la fourmi cruelle.
La colombe survenant :
« Pour la cigale, dit-elle,
J'ai des graines à son choix.
Si la pauvre créature

Ne reçut de la nature
Pour tout trésor que sa voix,
De faim faut-il qu'elle meure?
Vous travaillez à toute heure;
Elle chante les moissons :
Ainsi tous nous remplissons
La loi que Dieu nous impose. »
L'oiseau sans dire autre chose
A tire-d'aile aussitôt
Part, et rapporte bientôt
Force grains, dont la cigale
A son aise se régale.

O fourmi, ta dureté
A l'égoïste peut plaire.
Colombe, moi je préfère
Ta tendre simplicité.   LACHAMBEAUDIE.

RÉCAPITULATION GÉNÉRALE

91. — CONNAISSANCES USUELLES.

1. Nous avons cinq sens : la vue, l'ouïe, le goût, l'odorat et le toucher. La vue a pour organes les yeux, l'ouïe les oreilles, le goût la langue et le palais, l'odorat le nez, le toucher tout le corps et particulièrement les mains.

2. Les principaux âges de la vie humaine sont l'enfance, l'adolescence, la jeunesse, la virilité, la vieillesse.

Les deux âges les plus indépendants des passions humaines sont l'enfance et la vieillesse : dans celle-là elles ne sont pas encore éveillées, dans celle-ci elles s'endorment.

3. Les doigts de la main ont reçu chacun un nom spécial. Leurs noms respectifs sont : le pouce, l'index, le majeur appelé encore le médius, l'annulaire, l'auriculaire.

4. On peut distinguer dans une journée complète la nuit, l'aube, l'aurore, le lever du soleil, la matinée, le midi, la soirée, le coucher du soleil, le crépuscule, la veillée.

92. — LE CORBEAU ET LE RENARD.

Maître corbeau, sur un arbre perché,
Tenait en son bec un fromage.

Maître renard, par l'odeur alléché,
        Lui tint à peu près ce langage :
        « Hé bonjour, monsieur du Corbeau!
Que vous êtes joli! que vous me semblez beau!
        Sans mentir, si votre ramage
        Se rapporte à votre plumage,
Vous êtes le phénix des hôtes de ces bois. »
A ces mots, le corbeau ne se sent pas de joie;
        Et, pour montrer sa belle voix,
Il ouvre un large bec, laisse tomber sa proie.
Le renard s'en saisit, et dit : « Mon beau monsieur,
        Apprenez que tout flatteur
Vit aux dépens de celui qui l'écoute;
Cette leçon vaut bien un fromage, sans doute. »
        Le corbeau, honteux et confus,
Jura, mais un peu tard, qu'on ne l'y prendrait plus.

                                   LA FONTAINE.

93. — LES VOIX DE LA NATURE.

1. Tout ce qui s'entend dans la nature peut nous aider à élever vers le ciel notre pensée et nous pénétrer de religieux sentiments : le bruissement de la feuille, le murmure du ruisseau, le bourdonnement de l'abeille, le cri-cri du grillon, le gémissement de la hulotte, le babil du perroquet, le gazouillement de l'alouette, le chant si varié du rossignol, le rugissement du lion, le mugissement des vagues, le sifflement de la tempête ou de la rafale, le roulement du tonnerre, l'éclat de la foudre.

2. Oui, tout cela produit dans l'âme attentive une indéfinissable impression, et la dispose à glorifier le souverain Maître, dont toutes les créatures proclament, chacune en leur manière, la puissance, la bonté, la grandeur.

3. A ces voix extérieures correspond la voix intérieure de la raison et de la grâce, qui nous excite à rendre à Dieu le plus grand hommage d'adoration, d'amour, de louange et d'action de grâces.

94. — LE LION ET LE RAT.

Il faut autant qu'on peut obliger tout le monde :
On a souvent besoin d'un plus petit que soi.

. . . .
      Entre les pattes d'un lion
Un rat sortit de terre, assez à l'étourdie.
Le roi des animaux, en cette occasion,
Montra ce qu'il était, et lui donna la vie.
      Ce bienfait ne fut pas perdu.
      Quelqu'un aurait-il jamais cru
      Qu'un lion d'un rat eût affaire?
Cependant il advint qu'au sortir des forêts
      Ce lion fut pris dans des rets,
Dont ses rugissements ne le purent défaire.
Sire rat accourut, et fit tant par ses dents,
Qu'une maille rongée emporta tout l'ouvrage.

      Patience et longueur de temps
      Font plus que force ni que rage. LA FONTAINE.

95. — Exercice correspondant à la 19e composition.

JÉSUS-CHRIST.

1. Au temps marqué par les prophètes, c'est-à-dire environ quatre mille ans depuis la création du monde, Jésus-Christ naquit à Bethléem, dans une pauvre étable, de la très-sainte vierge Marie, épouse de Joseph, tous les deux descendants de David.

2. Persécuté dès sa naissance, le Sauveur fut mené en Égypte, et ramené ensuite dans le pays d'Israël. Il résida à Nazareth, en Galilée, et jusqu'à l'âge de trente ans, il ne parut que comme le fils d'un charpentier, exerçant aussi lui-même cette profession.

3. Les jours venus de se manifester au monde, il parcourut les villes et les bourgades de la Galilée et de la Judée, enseignant l'Evangile, guérissant les ma—

lades, chassant les démons, ressuscitant les morts,
montrant par d'innombrables miracles qu'il était le
Dieu sauveur attendu par l'humanité.

4. Méconnu de ceux de sa nation, il fut livré à
Pilate, qui, par faiblesse, le condamna à mort, tout en
le proclamant innocent. Son immolation eut lieu sur
le Calvaire; et c'est de son sang divin qu'est provenue
l'Église sainte qui aujourd'hui remplit l'univers.

96. — L'ENFANT ET LE MIROIR.

Un enfant élevé dans un pauvre village
Revint chez ses parents, et fut surpris d'y voir
Un miroir.
D'abord il aima son image;
Et puis, par un travers bien digne d'un enfant,
Et même d'un être plus grand,
Il veut outrager ce qu'il aime;
Lui fait une grimace; et le miroir la rend.
Alors son dépit est extrême;
Il lui montre un poing menaçant,
Il se voit menacé de même.
Notre marmot fâché s'en vient, en frémissant
Battre cette image insolente;
Il se fait mal aux mains. Sa colère en augmente;
Et, furieux, au désespoir,
Le voilà devant le miroir,
Criant, pleurant, frappant la glace.
Sa mère, qui survient, le console, l'embrasse,
Tarit ses pleurs, et doucement lui dit :
« N'as-tu pas commencé par faire la grimace
A ce méchant enfant, qui cause ton dépit?
— Oui. — Regarde à présent : tu souris, il sourit;
Tu tends vers lui les bras, il te les tend de même;
Tu n'es plus en colère, il ne se fâche plus.
De la société tu vois ici l'emblème :
Le bien, le mal nous sont rendus. »

FLORIAN.

97. — LES LABEURS DE L'APOSTOLAT ET LE MARTYRE.

1. Rien de grand ne se fait sans fatigue et sans souffrance. Il fallait donc que les apôtres de l'Evangile éprouvassent la contradiction et la persécution ; que le sillon qu'ils creusaient pour y faire germer la foi fût arrosé de leurs sueurs et de leurs larmes, et même de leur sang.

2. Tous ils ont été des ouvriers infatigables, accomplissant avec la plus héroïque constance leur tâche si difficile. Une multitude ont donné leur vie en témoignage de la vérité qu'ils annonçaient.

3. Rome, Jérusalem, Lyon, Paris, Marseille, Nantes, Toulouse, l'Italie, l'Espagne, les Gaules, le nord de l'Afrique, l'Asie Mineure, la Perse, le Japon, la Chine... toutes les villes, toutes les contrées ont eu leurs martyrs ; et c'est par eux surtout que s'est établi le christianisme, qui est le flambeau de la vérité et le principe du vrai progrès.

98. — LA CARPE ET LES CARPILLONS.

Prenez garde, mes fils, côtoyez moins le bord,
    Suivez le fond de la rivière ;
    Craignez la ligne meurtrière,
  Ou l'épervier plus dangereux encor.
C'est ainsi que parlait une carpe de Seine
A de jeunes poissons qui l'écoutaient à peine.
C'était au mois d'avril : les neiges, les glaçons,
Fondus par les zéphyrs, descendaient des montagnes ;
Le fleuve enflé par eux s'élève à gros bouillons,
    Et déborde dans les campagnes.
    « Ah ! ah ! criaient les carpillons,
    Qu'en dis-tu, carpe radoteuse ?
    Crains-tu pour nous les hameçons ?
Nous voilà citoyens de la mer orageuse :
Regarde, on ne voit plus que les eaux et le ciel,

> Les arbres sont cachés sous l'onde,
> Nous sommes les maîtres du monde ;
> C'est le déluge universel.
> — Ne croyez point cela, répond la vieille mère ;
> Pour que l'eau se retire il ne faut qu'un instant :
> Ne vous éloignez point ; et, de peur d'accident,
> Suivez, suivez toujours le fond de la rivière.
> — Bah ! disent les poissons, tu répètes toujours
> Mêmes discours.
> Adieu ; nous allons voir notre nouveau domaine. »
> Parlant ainsi, nos étourdis
> Sortent tous du lit de la Seine,
> Et s'en vont dans les eaux qui couvrent le pays.
> Qu'arriva-t-il ? Les eaux se retirèrent,
> Et les carpillons demeurèrent ;
> Bientôt ils furent pris
> Et frits.
>
> Pourquoi quittaient-ils la rivière ?
> Pourquoi ? je le sais trop, hélas !
> C'est qu'on se croit toujours plus sage que sa **mère**,
> C'est qu'on veut sortir de sa sphère,
> C'est que... c'est que... Je ne finirais pas.

FLORIAN.

99. — NÉCESSITÉ DU TRAVAIL.

1. La Providence pourvoit aux besoins des bêtes de la terre, des poissons de la mer et des oiseaux du ciel avec une sollicitude que l'on ne peut assez admirer.

2. Chaque matin, l'insecte trouve sa goutte de rosée suspendue à la feuille qui l'a abrité pendant la nuit. Les fleurs ouvrent leur corolle à ceux des êtres ailés qui vivent de parfum et de baume. Une abondante verdure croît sous les pieds des animaux herbivores. Le passereau trouve le grain de mil, et le léopard la proie vivante nécessaires à leur réfection.

3. La Providence pourvoit aussi aux besoins de l'homme, mais en lui imposant le devoir du travail.

Il lui a été dit : « Tu mangeras ton pain à la sueur de
ton front ; » et depuis le jour de cet anathème, il la-
boure, sème, plante, arrose, défriche, moissonne
sous le poids du jour et de la chaleur, et son pain
semble ne lui être bon à mettre à la bouche que
lorsque vingt ouvriers divers l'ont mouillé de leurs
sueurs.   *Pensées de* L'ABBÉ DIDELOT.

100. — Exercice correspondant à la 20ᵉ composition.

L'ENFANT ET LE PETIT ÉCU.

Possesseur d'un petit écu,
Un enfant se croyait le plus riche du monde.
Le voilà qui fait voir ce trésor à la ronde,
En criant gaîment : « J'ai bien lu !
— A merveille, lui dit un sage ;
C'est le prix du savoir que vous avez reçu,
Du savoir tel qu'on peut le montrer à votre âge ;
Mais voulez-vous encore être heureux davantage?
Aspirez, mon enfant, au prix de la vertu ;
Vous l'aurez quand des biens vous saurez faire usage. »

L'enfant entendit ce langage ;
L'écu, d'après son cœur sensible et bien né,
A rapporter le double est soudain destiné :
Avec le pauvre il le partage.
                        L'abbé J. L. AUBERT.

FIN

TABLE

DES PRINCIPAUX SUJETS EN TEXTE SUIVI.

Tours. — Impr. MAME.

www.ingramcontent.com/pod-product-compliance
Lightning Source LLC
Chambersburg PA
CBHW070912280326
41934CB00008B/1689